Thomas Kruse

~~Einmal~~ Dreimal Hölle und zurück

Caro - mein Weg aus dem Drogensumpf

Dreimal ~~Einmal~~ Hölle und zurück

Caro - mein Weg aus dem Drogensumpf

Thomas Kruse

© 2024 Dr. Thomas Kruse
Einbandgestaltung: Stephan Haase
Fotografie Titel: Ulrich Mattner
Lektorat: Manfred Hütte
Verlag: Verlag-Concept 7
Druck: Concept 7

Paderborner Straße 99, 32760 Detmold
info@concept7.de | www.concept7.de
Alle Rechte für diese Lizenzausgabe vorbehalten.

Dieses Buch ist erhältlich als:
ISBN 978-3-00-077987-9 gebundene Ausgabe

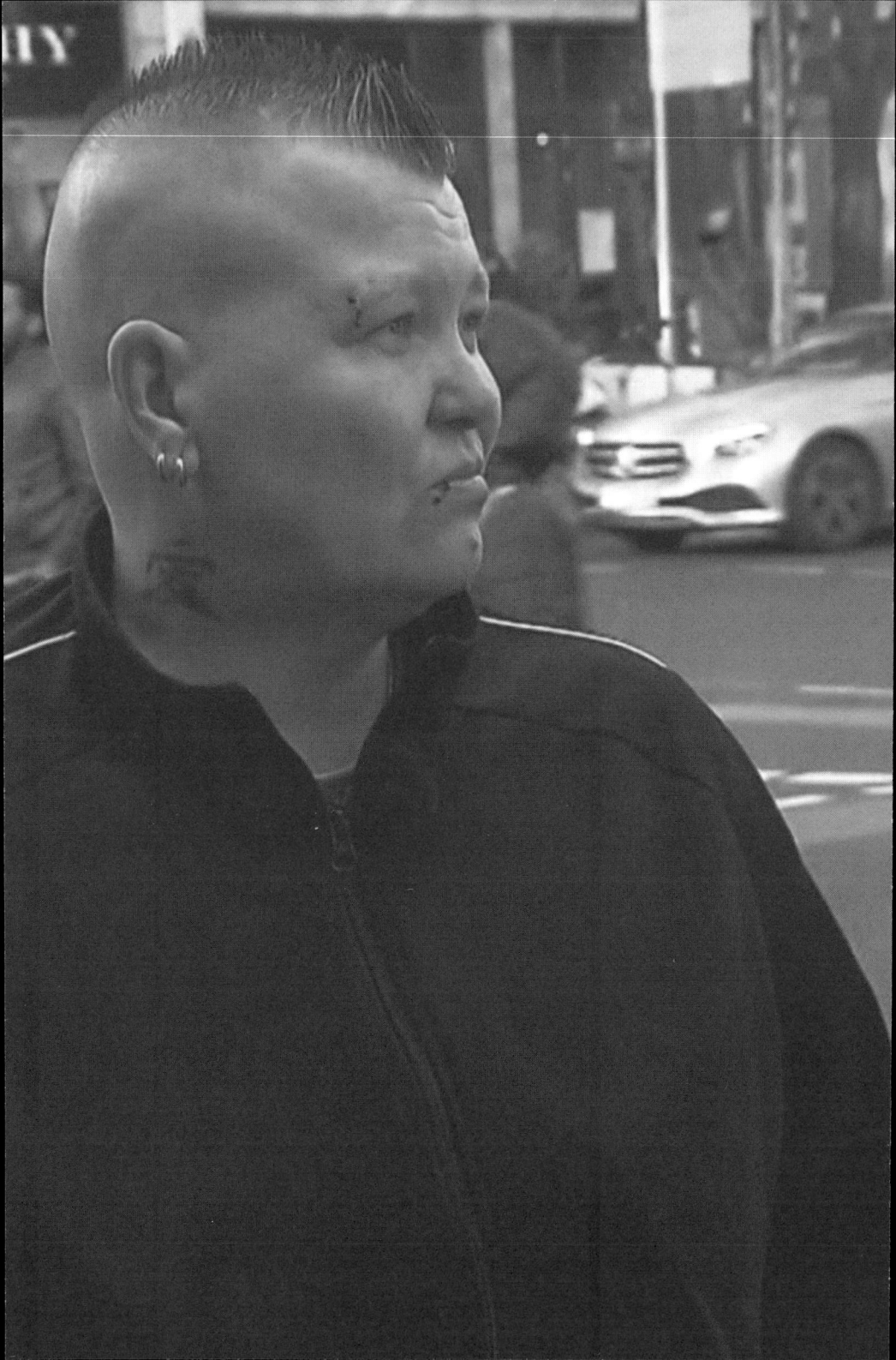

„Mit **vorsichtigem** Optimismus blicke
ich in die **Zukunft.**
Bewusst zu sein, dass der Weg
zur vollständigen Erholung **lang** und
möglicherweise **nie ganz abgeschlossen** ist.
Entschlossen zu sein, jeden Tag als einen
Schritt in die **richtige Richtung** zu
betrachten.

Meine Reise hat mir gezeigt,
dass Veränderung **möglich ist** und dass es
immer Hoffnung gibt - egal wie dunkel
die **Vergangenheit** erscheinen mag.“

RAUS AUS DEM
DROGENSUMPF

„2024 war ich bei
Stern TV eingeladen.
Unser erstes zufälliges
Treffen fand 7 Jahre zuvor
in Frankfurt statt."

Inhalt

„Das **Bahnofsviertel** ist wie ein Magnet. Es zieht einen immer wieder hier her."

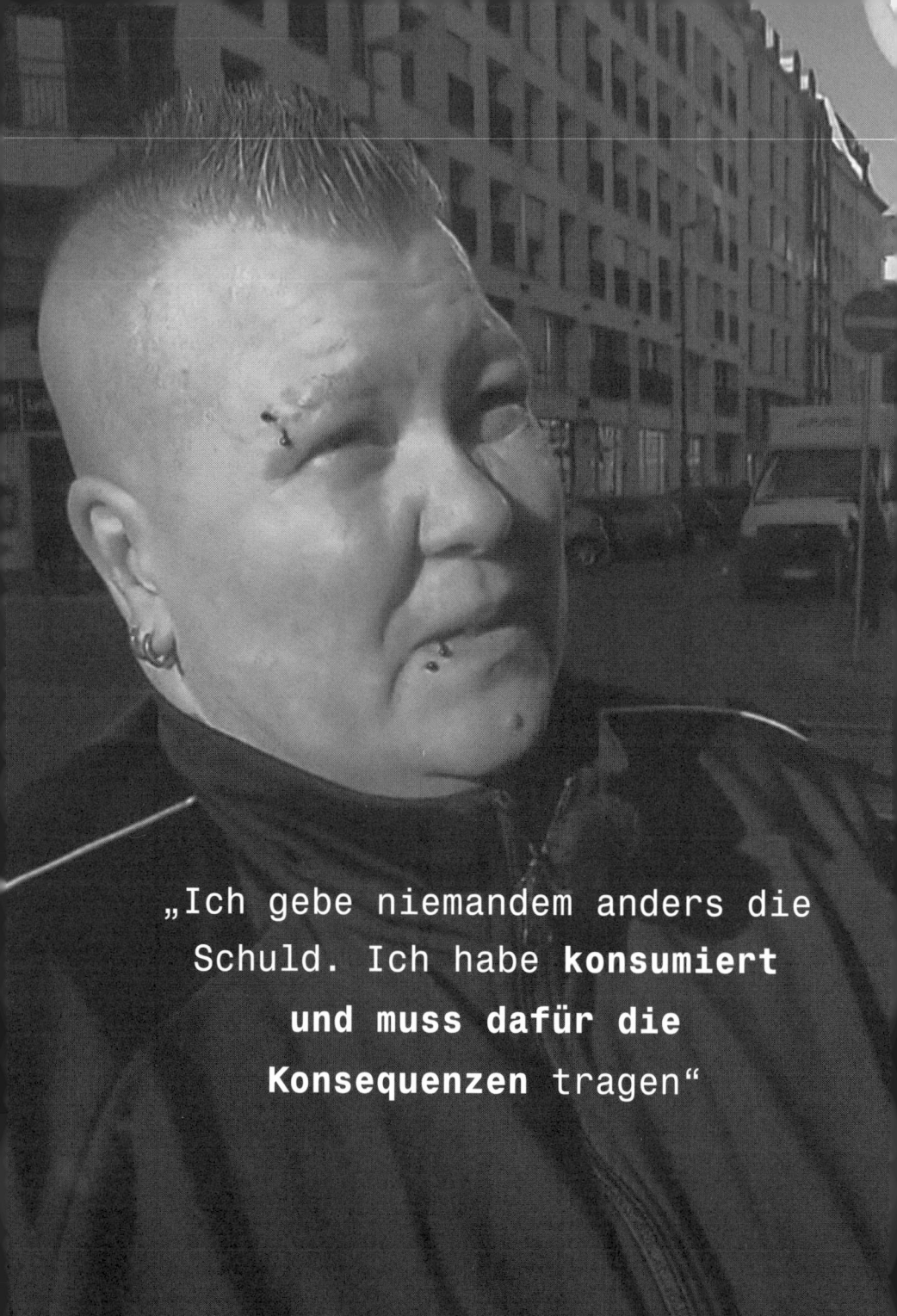

„Ich gebe niemandem anders die Schuld. Ich habe **konsumiert und muss dafür die Konsequenzen** tragen"

„Divan war lange ein **Weggefährte**. Ich fürchte, er wird es **nicht** schaffen"

Vorwort

Als mir die Idee zu diesem Buch gekommen ist, war ich schon einige Jahre für unseren gemeinnützigen Verein „Lipper für Lipper @Asphaltexistenzler e. V. tätig. Dem Verein habe ich ein eigenes Kapitel in diesem Buch gewidmet. Nur kurz sei hier erwähnt, dass wir uns um bedürftige Personen kümmern. Das können Obdachlose oder Drogenabhängige sein, aber auch junge Familien oder Rentner, die finanziell nicht über die Runden kommen.

Meine Aufgabe in diesem Verein ist das sogenannte Fundraising, also zur Finanzierung des Vereins beizutragen. Eine Aufgabe, die ich gern erfülle.

Im Verein habe ich Caro kennengelernt, die mir über die Zeit immer mal wieder Fragmente aus ihrem Leben erzählt hat: Absturz im Frankfurter Bahnhofsviertel, Alkohol, Drogen, Obdachlosigkeit, Knast, das ganze Programm. Hervorgerufen, oder besser gesagt, unterstrichen durch eine schwierige Kindheit (hierzu später). Ich weiß, es ist immer leicht gesagt, „das Kind hat eine schwierige Kindheit und dadurch ist es auf die schiefe Bahn geraten". Ich will hier nichts beschönigen, Gründe suchen oder Schuld zuweisen – lediglich beschreiben.

Das bringt mich aber zu dem Punkt, warum ich dieses Buch schreibe und warum ich für den Verein so aktiv bin. Ich habe lange über die Fragen „Warum machst Du Dir so viel Arbeit mit dem Verein?" oder „Warum schreibst Du dieses Buch?" nachgedacht und bin irgendwann zu der Erkenntnis gekommen, dass die Schicksale von Caro und mir (oder aber von Dir, lieber Leser) gar nicht so weit auseinander liegen.

Ich glaube, dass manchmal nur ein kleiner Schritt in die falsche Richtung gereicht hätte, um die gleiche „Karriere" wie Caro hinzulegen. Es gibt in der Jugend häufig einen Zeitpunkt, der einen dazu bringt, falsche Freunde zu sammeln, an berüchtigten Partys teilzunehmen oder mal den einen oder anderen Joint zu rauchen, zu viel zu trinken etc.

Aus irgendeinem Grund, bei mir war es wohl der Einfluss meiner Mutter, die immer darauf geachtet hat, dass man nicht „rumlungert", habe ich meinen Sprung in die richtige Richtung geschafft und bin meinen Weg gegangen.

Alles in allem mit dem zusätzlichen erforderlichen Quäntchen Glück, das mir die richtige Richtung gewiesen hat. Und das möchte ich jetzt zurückgeben – mit meiner Unterstützung im Verein und auch mit diesem Buch. Denn von jedem verkauften Exemplar kommt ein Teil dem Verein zugute.

Aber um mich soll es hier nicht gehen, sondern um jemand anderen. Die Geschichte handelt von Caro: beginnend mit ihrer Kindheit, über die Tücken des Erwachsenwerdens, ihren ersten Absturz und dem Auffangen, bis zum Kennenlernen ihres neuen

Dealers und dem zweiten und leider Gottes auch dritten, großen Absturz und die Rettung nach 20 Jahren Drogenabhängigkeit.

Bevor es losgeht, nachfolgend einige Hinweise: Ab dem kommenden Artikel, dem Prolog, erzähle ich die Geschichte aus Caros Sicht. Nur an den Stellen und Kapiteln, wo ich das Umfeld beschreibe, allgemeine Erläuterungen gebe und thematische Punkte setze, erfolgt dies in neutraler Sprache – damit es für den Leser verständlicher ist.

Anders als andere Bücher handelt es sich hier um ein **interaktives** Buch – wenn Du es möchtest. Was bedeutet das? An bestimmten Stellen findest Du QR-Codes, die Du mit einem Handy oder Tablet mit Internetzugang aufrufen kannst. Dahinter verbergen sich Videodateien mit Interviews, Textausschnitten oder auch Reportagen, bspw. von Stern TV. Es sind zum Teil sehr persönliche und emotionale Eindrücke von Caro, aber auch von anderen Personen, die etwas Interessantes mitzuteilen haben. Ich weise an den QR-Codes immer darauf hin, welche Inhalte Du vorfindest.

Mit diesen interaktiven Codes möchte ich diese emotionale Geschichte noch erlebbarer und verständnisvoller gestalten. Ich möchte Dich, lieber Leser, tief in das Leben von Caro und ihrem Umfeld mitnehmen.

Und zuletzt eine Anmerkung, die mich hoffentlich nicht einige Leser kostet: Um den Lesefluss in diesem Buch zu erleichtern und um es mir nicht unnötig schwer zu machen, wird auf die Gender-Sprache verzichtet. Es darf sich bei der neutralen Ansprache jede Geschlechtsform angesprochen fühlen, die es gibt.

Ich freue mich, Dich auf den folgenden Seiten mit Caro bekannt zu machen – sie ist eine ganz tolle Person. Es lohnt sich, sie näher kennenzulernen.

Thomas Kruse

Prolog

Hi, mein Name ist Caro. Ich denke, es gehört sich, dass ich mich erst einmal vorstelle – jetzt, wo wir etwas Zeit miteinander verbringen. Zum Zeitpunkt, wo wir das Buch schreiben, bin ich 45 Jahre alt und mir geht es gut. Eigentlich richtig gut. Ich bin clean, befinde mich in einer glücklichen Beziehung, engagiere mich ehrenamtlich sozial und habe einen Job. Das war nicht immer so.

Eigentlich weiß ich gar nicht so genau, wann alles angefangen hat, schief zu laufen. Wahrscheinlich war es die Kindheit. Zumindest fange ich damit im ersten Kapitel auf den folgenden Seiten an.

Ich bin jetzt seit vier Jahren clean – keine Drogen und kein Alkohol. Vermisse ich auch nicht. Ich habe letztens ein alkoholfreies Bier getrunken. Es hat mir aber nicht geschmeckt, also bleibe ich bei Wasser und Softdrinks.

Von Zigaretten kann ich allerdings nicht die Finger lassen; und von Süßigkeiten... was sich nicht gerade positiv auf mein Gewicht auswirkt. Eigentlich doch positiv, wenn man die Gewichtszunahme meint. Gegen meinen Suchtdruck nehme ich Tabletten ein, die als Nebenwirkung leider auch eine Gewichtszunahme mit sich bringen. Ist blöd, aber lieber etwas Übergewicht als drogensüchtig.

Sport ist ein Thema, wo ich wieder ran muss. Ich habe seit Corona einige REHA-Maßnahmen gemacht. Die wurden mir nach meiner Rücken-Operation verschrieben. Den Rücken habe ich mir in Frankfurt versaut, als ich auf Platte war. Platte, so nennt man die Obdachlosigkeit. Auf der Straße zu leben macht krank: ein kalter, steinharter Boden ist nicht gut für den Rücken. Das merkt man allerdings nicht, wenn man ständig auf Alkohol oder Drogen ist. Und das war ich.

Ich glaube, es gibt keine Droge, die ich nicht konsumiert habe: Alkohol, Tabletten, Crack, Heroin, Koks, Marihuana und was weiß ich noch. An vieles kann ich mich auch gar nicht mehr erinnern.

Ich habe angefangen zu arbeiten. Kannte ich in den letzten Jahren gar nicht. Und es fällt mir ehrlicherweise auch gar nicht so leicht. Aber ich bin dran. Versuch mal, einen Job zu finden, wenn Du so ein Führungszeugnis hast, wie ich es vorweisen kann. Allein im kleinen Führungszeugnis habe ich 11 Einträge: Raub, Erpressung, Gewalt, Diebstahl, Knast.

Keine Chance auf einen Job. Ich arbeite jetzt mal auf Minijob-Basis in einem Fitnessstudio als Reinigungskraft. Der Inhaber kennt meine Geschichte. Er vertraut mir. Wenn ich richtig im Job-Alltag drin bin, möchte ich mehr machen. Vielleicht auch eine Aus- oder Weiterbildung. Ich schaue offen und positiv in die Zukunft.

Für Dich als Leser öffne ich mich nun erstmalig auf diesem Weg. Ich zeige Dir meine Vergangenheit, was sicherlich nicht einfach ist. Ich werde nichts beschönigen, aber auch nichts dramatisieren. Ich zeige Euch meine Welt, wie sie für mich war.

Leider kann ich nur sehr wenig mit eigenen Bildern dienen. Die waren in meiner Welt nicht wichtig, deswegen haben wir keine gemacht. Und wenn doch, dann waren sie auf dem Handy, das am nächsten Tag geklaut wurde oder wir aus Geldnot versetzt haben. Wir arbeiten also mit Archivbildern, wie sie typisch für die Szene sind.

Willkommen in meiner Welt! Nachfolgend erzähle ich Euch meine Geschichte.

Caro

Ich 2017 beim Angriff auf das Drehteam

„Scannt das allererste Video dieses Buches mit Eurem Handy ein und schaut, wie ich drauf war. Hier hat Stern TV einen Beitrag gedreht und uns zufällig gefilmt. Das haben wir uns nicht gefallen lassen und sind im Drogenrausch auf das Drehteam drauf. Ich bin wahrlich nicht stolz auf meine Vergangenheit. Vor allem dann nicht, wenn ich solche Szenen sehe"

1978
Meine Kindheit

Geboren wurde ich am 4. August 1978 in Hanau als jüngstes Kind von insgesamt vier Geschwistern. Meine drei älteren Schwestern sind sieben, fünf und anderthalb Jahre älter als ich.

Hanau ist „berühmt", weil es die Geburtsstadt der Gebr. Grimm ist. Ansonsten hatte Hanau damals nicht viel zu bieten: grau, trist, Arbeiterstadt und bis in die 90er wurde hier kräftig Atommüll entsorgt.

Unsere Eltern trennten sich, als ich gerade zwei Jahre alt war. An meinen richtigen Vater kann ich mich nicht mehr erinnern. Er hat uns damals sitzengelassen und sich nach der Scheidung nicht mehr sehen lassen. Er ist dann Jahre später gestorben, ohne dass ich das richtig wahrgenommen habe.

Nach der Scheidung lernte meine Mutter einen Mann kennen, den sie nach einiger Zeit heiratete und der unser Stiefvater wurde. Ein fataler Fehler, wie meine Mutter und wir in den folgenden Jahren noch schmerzlich erfahren sollten.

Meine Kindheit war ziemlich durchwachsen, wenn man das so nennen kann. Es gab durchaus glückliche Momente, aber auch ziemlich schwierige Zeiten.

Unser Familienleben selbst war geprägt von Gewalt und Miss-

Foto: Meine Schwester und ich (rechts) in der Kindheit.

brauch - Themen, über die ich nicht detailliert sprechen möchte. Das mit dem Missbrauch überlasse ich meiner Schwester Andrea, die ein paar Seiten später zu Wort kommt.

Das Wort „Liebe" kam in unserer Familie allerdings nicht vor. „Bei uns herrscht Zucht und Ordnung", so der Tenor meines Stiefvaters. Wir hatten zu parieren, da waren liebevolle Worte fehl am Platz.

Die Gewalt war ein ständiger Begleiter in unserem Alltag, nicht nur für mich, sondern auch für meine Schwestern und auch für meine Mutter. Mein Stiefvater, der gerne und viel trank, verbrachte seine Wochenenden oft in Kneipen und kam meistens betrunken nach Hause. Dann war es fast schon Routine, dass er uns schlug – oft aus nichtigen Anlässen. Ein falsches Wort oder ein schiefer Blick genügten schon.

Aufwachsen
mit Gewalt

„In diesem Video erzähle ich,
wie ich mit Schläge „erzogen"
worden bin. Gewalt war an der
Tagesordnung und wir Kinder
hatten alle hierunter zu
leiden"

Mit der Zeit nahm sein Alkoholkonsum zu und die Sauferei und die damit verbundenen Schläge wurden auch unter der Woche zur Normalität, was eine ständig angespannte Atmosphäre in der Familie zur Folge hatte.

Wenn ich so darüber nachdenke, war Alkohol eigentlich in unserer gesamten Familie immer ein Thema und gegenwärtig: Meine Eltern, Onkel, Oma, Opa – sie alle tranken viel und gerne. Ob das heute noch so ist, weiß ich nicht, da ich kaum noch Kontakt zu den meisten Familienmitgliedern habe. Aber wir sind damit aufgewachsen, dass alle viel Alkohol konsumierten. War also normal in unseren Augen und hat dazu geführt, das ich viele Jahre den Alkoholkonsum als normal empfunden habe.

„Schläge und Alkohol – damit bin ich aufgewachsen,das war normal.“

Für die Ausraster meines Stiefvaters schien es irgendwie nie einen echten Grund zu geben. Mit der Zeit habe ich erkannt, dass mein Stiefvater einfach so war – das war sein Temperament, könnte man sagen. So bin ich aufgewachsen, und es erschien uns beinahe normal. Klar, was ist schon normal, wenn man fast jeden Tag eine gescheuert bekommt und das zum Teil völlig grundlos? Aber was heute sofort das Jugendamt ins Haus lotst, hat in meiner Kindheit keinen interessiert. Zumindest die „normalen" Züchtigungen, nicht die, die meine Schwester Andrea noch erwähnen wird.

Heute sehe ich diese Erfahrungen als prägende Elemente meines Lebensweges. Ehrlich gesagt, als Jüngste der Familie bekam ich weniger Schläge ab als meine Mutter oder meine älteren Schwestern, die wirklich viel leiden mussten. Auch ich wurde geschlagen, ja, aber im Vergleich weniger.

Ich möchte das Verhalten meines Stiefvaters nicht als Entschuldigung für meine Drogensucht heranziehen. Schließlich war ich das einzige Kind in der Familie, das in diese Richtung abrutschte. Meine Geschwister blieben von Alkohol und Drogen verschont. Im Gegenteil: sie waren schon fast das Musterbild von gehorsamen Kindern. Sie gingen zur Schule, machten eine Ausbildung und folgten dem üblichen Lebensweg. Ich hingegen wurde das schwarze Schaf der Familie und bin es bis heute geblieben.

Ich habe lange darüber nachgedacht, wieso das so war? Wieso bin ich diejenige, die aus der Gruppe (also der Familie) ausgeschert ist? Wieso musste ich immer diejenige sein, die mit dem Kopf durch die Wand wollte?

Nun, ich kann mir das nur so erklären, dass ich vom Typ her halt so bin. Mein Stiefvater war cholerisch (besonders, wenn er gesoffen hat) und ich aufmüpfig und rebellisch. Irgendwann habe ich mich damit abgefunden, dass ich so war und es einfach für mich akzeptiert. Dinge, die man nicht ändern kann, muss man irgendwann auch einmal so stehen lassen.

Neben der Schläge und der ständigen Anspannung in der Familie gab es allerdings auch glückliche Zeiten. Ich müsste lügen, wenn ich das verschweigen würde. Wir machten Urlaube, besuchten Freizeitparks und Zoos, fast wie eine „normale" Familie.

Wir Kinder hatten Freunde, mit denen wir großartige Zeiten erlebten. Unsere Familie war groß, weshalb Familientreffen immer lustig waren. Aber ich muss erwähnen, dass mein Stiefvater nicht gerade beliebt war. Niemand mochte ihn wirklich. Das lag wahrscheinlich an seinem Aggressions-Potential, vor allem, wenn Alkohol im Spiel war. Das war auch der Grund, warum die Treffen immer seltener wurden und irgendwann ganz ausblieben.

Ich hatte Spielkameraden, mit denen ich mich oft in der Freizeit traf. Wir spielten auf Spielplätzen und waren viel draußen. Damals waren Handys, PC-Spiele und Video-Games noch kein Thema. Also verbrachten wir unsere Zeit draußen „an der frischen Luft".

Leider durfte ich keine Freunde mit nach Hause bringen – mein Stiefvater wollte das nicht. Er meinte, es wäre ihm zu laut und würde seine Ruhe stören. Das empfand ich allerdings ebenfalls als normal und hinterfragte es damals nie. „Der Alte will seine Ruhe" dachte ich mir einfach.

Während meiner Kindheit hatten meine Geschwister und ich ein recht enges Verhältnis zueinander. Es war irgendwie ein Zusammenhalt gegen unseren Stiefvater. Doch als meine zwei älteren

Verhältnis zur
Mutter und Alltag

„Mein Verhältnis zur Mutter
war schon immer angespannt,
nicht wirklich mit Interesse
an mir behaftet. Meine
Empfindung zu meiner Mutter
und den Alltag beschreibe ich
in diesem Video"

Schwestern ausgezogen sind (ich war zu diesem Zeitpunkt 14 Jahre alt), hat sich unser Kontakt allmählich verringert. Mit meiner anderen Schwester, Andrea, lebte ich weiterhin bei unserer Mutter, bis ich dann mit 16 Jahren auch das Zuhause verließ. Mit ihr habe ich heute noch Kontakt, obwohl sie in den USA lebt und wir uns deshalb nicht mehr sehen. Wir schreiben uns regelmäßig Nachrichten, telefonieren oder machen Videoanrufe.

Zu meinen anderen beiden Geschwistern habe ich leider gar keinen Bezug mehr. Mit dem Rest der Familie fühle ich mich auch nicht mehr wirklich verbunden. Nur zu einem Onkel und einer in den USA lebenden Tante habe ich noch ein wenig Kontakt, ebenso wie zu einem Cousin, mit dem ich gelegentlich schreibe. Aber das ist auch schon alles, was die Verbindung zu meiner Familie angeht.

In der Zeit, wo meine beiden ältesten Schwestern schon ausgezogen waren, hatte meine Mutter meinen Vater aus der Wohnung geworfen und die Scheidung eingereicht. Lange Zeit wusste ich nicht, was der wirkliche Grund war. Bis sich Andrea, meine Schwester, eines Tages mir anvertraut hat. Sie kommt gleich auf den nächsten Seiten selbst zu Wort und wird dies thematisieren. Ich hatte ja im Vorfeld schon geschrieben, dass ich mich zum Thema Missbrauch nicht äußern möchte. Das übernimmt Andrea gleich.

Wie dem auch sei, ich lebte noch zwei Jahre mit Andrea und

unserer Mutter zusammen, aber zu dieser Zeit verstand ich mich mit meiner Mutter überhaupt nicht.

Wahrscheinlich war ich mitten in der Pubertät. Es gab ständig Streitigkeiten, selbst wegen Kleinigkeiten. Das führte dazu, dass ich mehrmals von zuhause weglief, manchmal blieb ich sogar über Nacht weg. Ich war in dieser Zeit nicht einfach, aus heutiger Sicht betrachtet. Ich war aufmüpfig, geradezu rebellisch und vor allem uneinsichtig. So wie andere Teenager in meinem Alter – nur fünf- bis zehnmal schlimmer.

Wir sind abends mit Freunden um die Häuser gezogen, haben geraucht und ab und zu auch etwas getrunken. Zu dieser Zeit habe ich auch meinen ersten Joint geraucht. Um das Ganze zu finanzieren, haben wir geklaut. Meist waren es Zigaretten oder Alkohol, was wir selbst konsumiert haben. Wir fühlten uns toll, waren „cool" und frei von den Erwachsenen. Wir haben uns in unserer Coolness gegenseitig hochgepuscht, was nicht gerade zu einem besseren Verständnis bei unseren Eltern (bei mir die Mutter) beigetragen hat.

Zu dem Zeitpunkt habe ich auch nicht realisiert, dass auf meine Mutter ein enormer Druck gelastet haben muss: eine Wohnung, die bezahlt werden muss, zwei Kinder, die noch zuhause wohnten und ein Job, der soeben ausreicht, um die Kosten zu finanzieren. Dazu eine Tochter, die nicht den Vorstellungen eines wohlgeratenen Teenagers entspricht.

Die Kindheit aus Sicht
meiner Schwester Andrea

An dieser Stelle schildert meine Schwester Andrea, die 1996 in die USA ausgewandert ist, ihre Erinnerung an unsere Kindheit:

Ich habe die Erinnerungen weitestgehend aus meinem Gehirn verbannt, da ich mich lange Jahre nur an die schlechten, nicht an die guten Zeiten erinnern konnte. Dementsprechend fällt es mir heute schwer, darüber zu sprechen.

Ich habe drei Geschwister: zwei ältere Schwestern und eine jüngere (Caro). Als ich vier Jahre alt war, haben sich meine Eltern scheiden lassen. Das war auch das letzte Mal, das ich meinen leiblichen Vater gesehen habe. Er ist gestorben, da war ich 16 Jahre alt. Er hat sich nach der Scheidung meiner Eltern nie mehr gemeldet. Wir waren ihm einfach egal.

Meine Mutter lernte einige Zeit später einen Mann kennen, den sie auch heiratete. Irgendwann fing er an, mehr und mehr zu trinken, was sich nicht wirklich positiv auf unseren Alltag auswirkte.

Wir wuchsen mit Angst auf. Angst vor Geschrei, Angst vor Schläge, Angst vor der Nacht und Angst vor sexuellem Missbrauch.

Ich erinnere mich beispielsweise an Situationen, da ist unser

Stiefvater nachts zu uns ins Zimmer gekommen, um zu schauen, ob wir mit dem Gesicht zur Wand liegen. Ich weiß nicht, warum es so sein sollte, er hat nie einen Grund dafür genannt. Er wollte es einfach so.

Wenn wir mit dem Gesicht nicht zur Wand gelegen haben, was durchaus passieren kann, wenn man schläft, hat er uns an den Haaren oder am Ohr aus dem Bett gezogen und uns zur Rede gestellt. Ihm war dabei egal, ob wir geschlafen haben oder nicht. Wenn wir darauf keine Antwort hatten (was eigentlich immer vorkam), gab es eine ordentliche Backpfeife oder auch zwei – mit der flachen Erwachsenen-Hand ins Kindergesicht. Die zusätzliche Strafe war, dass wir am nächsten Morgen kein Frühstück bekommen haben. Wir wurden in der Nacht auch schon mal für Stunden ins Badezimmer gesperrt.

Ein anderes Beispiel, an das ich mich erinnere, war, als wir mit anderen Kindern draußen spielten. Uns war verboten worden, mit Jungs zu reden. Wir durften es nicht! Herrgott, wir waren Kinder, warum durften wir nicht mit Jungs reden? Wie dem auch sei; wurden wir dabei erwischt, gab es wieder Einen mit der flachen Hand ins Gesicht. Die Bestrafung lief immer ähnlich ab: kein Essen und/oder Prügel und sofort ins Bett.

Ähnlich verhielt es sich mit der Schule. Mein Stiefvater hat teilweise bestimmt, welche Kleidung wir zu tragen hatten. Kamen wir mit schlechten Noten nach Hause, wurden wir bestraft: den ganzen Abend stillsitzen, schreiben und lernen.

Ich habe nie verstanden, warum sich unsere Mutter nicht schützend vor uns gestellt hat. Ich kann mir nur vorstellen, dass sie ebenfalls extreme Angst vor unserem Stiefvater hatte. Oft genug haben wir es nachts mitbekommen, wenn er sie mal wieder im betrunkenen Zustand verprügelt hat.

Irgendwann, meine älteren Schwestern waren mittlerweile ausgezogen, habe ich herausgefunden, was mein Stiefvater meiner ältesten Schwester angetan hat. Wahrscheinlich war das der Hauptgrund für den Auszug der älteren Geschwister.

Er hat angefangen zu versuchen, das Gleiche mit mir zu machen. Ich habe mich lange gefragt, warum meine Schwester nie etwas gesagt hat. Wahrscheinlich war es die jahrelange Einschüchterung durch meinen Stiefvater, die meine Schwester hat verstummen lassen.

Im Gegensatz zu meiner Schwester habe ich mich allerdings meiner Mutter anvertraut. Und in dem Moment hat sie reagiert: sie hat die Polizei gerufen, meinen Stiefvater angezeigt und die Scheidung eingereicht. Von da an war Ruhe. Ich habe nie wieder etwas von meinem Stiefvater gehört und ich weiß auch nicht, welche Strafe er bekommen hat oder was aus ihm geworden ist."

Wir sind dann, bis zu dem Zeitpunkt, wo ich ausgezogen bin, zu dritt im Haus geblieben: meine Mutter, Caro und ich.

Caro war das komplette Gegenteil von mir: aufmüpfig, rebellisch und die meiste Zeit unterwegs. Sie bekam früh Ärger mit dem Gesetz, weil sie häufig Dummheiten machte. Ich habe oft versucht, sie davon abzuhalten, hatte aber keinen Erfolg damit.

1996 bin ich mit meinem Mann, einem amerikanischen Soldaten, in seine Heimat nach West Virginia gezogen. In der Zeit habe ich meine Familie eine Zeitlang aus den Augen verloren. Erst später haben Caro und ich wieder Kontakt aufgenommen, der bis heute intensiv anhält.

Schulzeit

Ich wurde mit sieben Jahren eingeschult und besuchte die Gesamtschule in Hanau, was bedeutete, dass ich von der Grundschule, über die Förderstufe bis hin zur Hauptschule dort war. Die ersten Jahre waren ziemlich normal. Rückblickend betrachtet, waren es eigentlich zum großen Teil schöne Jahre. Der Schulstart war aufregend mit vielen neuen Eindrücken und Freunden. In der Grundschule, also von der ersten bis zur dritten Klasse, lief auch alles reibungslos für mich. Ich war keine schlechte Schülerin, lernte schnell und kam gut mit dem Unterrichtsstoff zurecht.

In der vierten Klasse jedoch lief es nicht mehr so rund. Das zweite Halbjahr war besonders schwierig, da ich wegen einer Krankheit und einer Operation einige Wochen fehlte und dadurch viel Lernstoff verpasste. Es fiel mir schwer, wieder Anschluss zu finden, und so beschloss mein Stiefvater, dass ich die Klasse wiederholen sollte.

Nach dieser Wiederholung änderte sich mein Schulleben drastisch. Meine Freunde waren alle in der nächsten Klasse und ich war plötzlich die Neue in einer bestehenden Gemeinschaft. Ich wurde schnell zur Außenseiterin, gemobbt und sogar geschlagen. Als ich versuchte, Hilfe bei den Lehrern und dem Rektor zu suchen, glaubte man mir nicht. So blieb mir nichts anderes übrig, als mich selbst zur Wehr zu setzen. Bald lernte ich, dass ich mir Respekt verschaffen konnte, indem ich mich körperlich wehrte - eine Lektion, die ich bereits von meinem Stiefvater gelernt hatte. Mich zu prügeln wurde dabei fast zur Regel. Ich habe gelernt, dass es „sinnvoll" ist, den ersten Schritt auf sein Gegenüber zuzumachen. Macht er einen Schritt zurück, hast Du schon so gut wie gewonnen. So fingen die Mitschüler an, mich nicht nur zu respektieren, sondern auch zum Teil Angst vor mir zu haben. Diese Art der Wehr sollte mich die nächsten 20 Jahre begleiten und in manchen Situationen retten.

Ich wurde sogar zur Anlaufstelle für andere Schüler, die Hilfe suchten, und erwarb mir so neue „Freunde". Prügeleien waren auf der Hauptschule leider alltäglich und oft schauten die Lehrer einfach weg. Also mussten wir uns selbst wehren. Und ich war oft zur Stelle.

Trotzdem waren meine Noten recht gut. Auf der Hauptschule einige Jahre später in Fächern wie zum Beispiel Mathe, Deutsch, Geschichte und Chemie konnte ich punkten. Nur Physik lag mir nicht, aber ich denke, das geht vielen so. Englisch war okay und Handwerken, was damals noch im Lehrplan stand, machte mir Spaß. Bis zur neunten Klasse gab es schulisch gesehen keine größeren Herausforderungen. Ich war kein Einser-Kandidat, schon allein, weil ich zu faul zum Lernen war und keine richtige Perspektive in der Schule gesehen habe, aber ich kam durch.

Im zweiten Halbjahr der neunten Klasse jedoch verlor ich voll-kommen das Interesse an der Schule. Die Leistungen verschlechterten sich deutlich, ich schwänzte oft und hing mit Freunden herum. Mir war es einfach wichtiger, Alkohol zu trinken, Joints zu rauchen und zu feiern als in die Schule zu gehen.

1992
Der Beginn der weichen Drogen

Ich denke, dass schon in der letzten Zeit auf der Hauptschule, so achte bis neunte Klasse, der Grundstein für mein Drogenleben gelegt wurde. Als Jugendliche, die immer öfter von zu Hause wegblieb, fing ich an, mit Freunden abends Alkohol zu trinken und gelegentlich einen Joint zu rauchen.

Wir wollten einfach cool sein, verbrachten die Nächte draußen und schwänzten tagsüber die Schule. Um unser „Leben" zu finanzieren, begannen wir, wie schon erwähnt, in Geschäften zu stehlen. Es war fast unvermeidlich, dass wir irgendwann dabei erwischt wurden. Somit bekam ich meine ersten Anzeigen; mit 14 war ich ja schon strafmündig.

Hinzu kam, dass man sich auf der Straße beweisen wollte – oder musste – was zu den ersten Schlägereien führte. Ich hatte ja in der Schule gelernt, wie ich mich zu verhalten habe.

Auch diese Vorfälle führten zu Anzeigen gegen mich, sodass sich schon früh Einiges angesammelt hatte.

Meine erste Strafe war eine Geldstrafe, die ich nicht bezahlen konnte. Ich hatte kaum Geld, selbst für meine Zigaretten, Joints und meinen Alkohol nicht. Daher wurde ich zu Sozialstunden in einem Altenheim verurteilt. Ich fing zwar an, hatte aber schon nach kurzer Zeit keine Lust auf die alten Leute und ging nicht mehr hin. Mit 14 Jahren denkt man noch nicht wirklich weit. Man hält sich für schlauer als alle anderen, vor allem aber für wesentlich cooler. Das mein Schwänzen von den Sozialstunden nicht so einfach ignoriert wird, habe ich zu dem Zeitpunkt überhaupt nicht bedacht.

„3 Monate Jugendarrest mit 14 Jahren"

Dem war aber so. Das Altenheim hat meine Fehlzeiten gemeldet und ich musste wieder vor den Jugendrichter antreten. Er wandelte die Sozialstunden in Jugendarrest um: so durfte ich drei Monate meines jungen Lebens in Arrest in Gelnhausen verbringen. Es sollte nicht der einzige Zwangs-Aufenthalt bleiben.

Nach meinem Arrest beschloss ich, dass ich dort nicht wieder hinwollte. Also setzte ich mich „auf den Hosenboden" und machte mit Mühe meinen Hauptschulabschluss. Das ist mir zwar nicht leicht gefallen und ich habe den Abschluss auch nur so gerade geschafft (also nicht mit den besten Noten) aber das war mir egal.

Auszug mit
16 und Schulabschluss

„In diesem Video erzähle ich,
wie ich mit 16 Jahren von
zuhause ausgezogen bin und
wie ich die Schulzeit damals
empfunden habe"

Ich hatte allerdings überhaupt kein Interesse daran, eine weiterführende Schule zu machen. Ich war froh, dass ich den Abschluss in der Tasche hatte und wollte nur raus aus der Schule. Ich wollte arbeiten und Geld verdienen. In der Schule zu bleiben war für mich keine Option.

Mit 17 fing ich also an zu jobben. Der Gedanke an eine Ausbildung kam mir nicht in den Sinn; ich hatte keine Lust, mich für wenig Geld abzurackern. Ich wollte gleich mehr Geld verdienen, also nahm ich Hilfsjobs an.

Ich hatte niemanden, der mich in die richtige Richtung führte. Mein Vater war tot, mein Stiefvater weg und mit meiner Mutter lag ich im Clinch. Die hatte mich wahrscheinlich schon zu diesem Zeitpunkt abgeschrieben.

Mein erster Job war beim Schwab-Versand in Hanau. Ohne groß nachzudenken, Retouren zu verarbeiten, lag mir. Ich verdiente gutes Geld und hatte meine Freiheiten.

Diesen Job habe ich fast zwei Jahre durchgehalten. Irgendwann allerdings wurde mir langweilig und die Bezahlung war auch nicht die Beste. Ich wollte mehr Geld verdienen und etwas anderes machen.

Kurze Karriere beim Sicherheitsdienst inkl. Schusswaffen-Gebrauch

Mit 19 Jahren begann ich bei einem amerikanischen Sicherheitsdienst am Frankfurter Flughafen zu arbeiten. Meine Aufgabe war die Kontrolle der Örtlichkeiten. Hierzu hatte ich einen Waffenschein gemacht, so dass ich eine Pistole mit mir tragen durfte und zusätzlich wurde mir als Partner ein Hund zugeteilt. Ich habe extra ein Hundeführungstraining mit Prüfung absolviert.

Das war eigentlich ein cooler Job und hat mir wirklich viel Spaß gemacht. Und meinen Hund habe ich geliebt.

Zur Zeit von 9/11, also dem Anschlag auf das World Trade Center in den USA 2001, wurden wir Sicherheitsleute vom Flughafen abgezogen und am Frankfurter Messeturm eingesetzt. Dort sind wir dann Streife gelaufen. Ich habe zu dieser Zeit ausschließlich Nachtschichten absolviert. Zum einen war ich sowieso ein Nachtmensch, zum anderen gab es Nachtzuschläge, was mir finanziell entgegenkam.

Lange Jahre habe ich darüber nachgedacht, was der exakte Trigger-Punkt für meinen Drogeneinstieg war. Manche Leute „rutschen" in die Sucht hinein. Bei anderen ist es die Kindheit (Gewalt, Missbrauch etc.) und andere wiederum haben einen festen Punkt, an dem alles begann. Ich glaube, bei mir ist es die gelungene Kombination aus allem. Sicher war es die Kindheit und auch das Reinrutschen in die Welt der weichen Drogen. Ich glaube aber, dass es beim Sicherheitsdienst einen Anlass gab, der bei mir die Hemmschwelle, also den Übergang von den leichten zu den harten Drogen, beschleunigt hat.

Was war passiert? Als wir eines Abends durch die Parketagen unsere Runden gingen, kam es zu einem Vorfall, bei dem ich heute glaube, dass dies einschneidend für den Beginn meiner Drogenlaufbahn war. Nicht, dass es immer „den" einen Startpunkt gibt und es gibt auch nicht immer für alles eine feste Ausrede. Aber ich versuche, einen Punkt zu finden, an dem alles losgetreten wurde. Und meiner Meinung nach war er in dieser Nacht.

Ich ging mit einem Kollegen auf dem einen Parkdeck Streife, während zwei andere Kollegen auf einem anderen Parkdeck waren. Plötzlich kam ein Fremder ins Gebäude. Es ist bis heute nicht klar, wie diese Person ins Parkhaus des Messezentrums kommen konnte, es war schließlich alles abgesichert.

„Plötzlich fielen Schüsse"

Dann ging alles ganz schnell. Mit einem Mal fielen Schüsse, auch auf mich. Mein Hund sprang (durch Zufall?) vor mir hoch und hat eine Kugel, die für mich bestimmt war, abgefangen und ist gleich darauf tödlich zusammengebrochen. Ich konnte in dem Augenblick nur meine Waffe ziehen und die Schüsse erwidern. Der Angreifer wurde getroffen, er verstarb noch am Unfallort.

Das war mein letzter Arbeitstag für den Sicherheitsdienst, da ich psychisch nicht mehr in der Lage war, die Tätigkeit fortzuführen. Ich war danach für volle 12 Monate in psychologischer Behandlung.

In der Zeit, wo ich nicht in Behandlung war, hatte ich Zeit. Ich hatte sehr viel Zeit. Aus Langeweile, und um Freunde zu treffen, ging ich häufiger zum Frankfurter Bahnhofsviertel, wo ich meine Abende verbrachte und wo wir fast jede Nacht verbrachten.

Zu diesen Anlässen floss natürlich der Alkohol reichlich und Joints machten die Runde. Das war nicht wirklich etwas Neues, solche Zeiten kannte ich schon aus meiner Schulzeit. Allerdings wurden diese Trips zur Gewohnheit, bald war ich jeden Abend mit meinen Leuten im Bahnhofsviertel unterwegs.

Der Weg ins Frankfurter Bahnhofsviertel

„In diesem Video erzähle ich, wie ich den Weg ins Bahnhofsviertel eingeschlagen habe“

Einstieg in die
harten Drogen

Irgendwann, nach ein paar Monaten, kam ich zum ersten Mal mit Crack und Kokain in Berührung. Ich weiß gar nicht mehr genau, wie das Zeug die Runde machte. Irgendwer hat eines Abends eine Crack-Pfeife dabeigehabt. Und wenn man sowieso angekifft und angetrunken ist, ist der Weg, auch Crack mal auszuprobieren, nicht weit. Das Gleiche auch mit Koks. Wenn wir feiern waren, war es normal, Koks mitzuschniefen. Man wird cool, hält die Nacht durch und hat ein tolles Gefühl – meint man.

Anfangs konsumierte ich die harten Drogen wie Crack und Kokain nur einmal im Monat. Ich dachte, ich hätte es unter Kontrolle. Aber nach einiger Zeit nahm ich sie zwei- bis dreimal im Monat und bald sogar zwischendurch. Die Sucht hatte mich ergriffen, und ich konnte nicht genug bekommen.

Sobald man einmal Crack genommen hat, wird das Verlangen danach immer stärker. Man kann sich kaum vorstellen, wie schnell man abhängig wird. Aber ich wollte immer mehr. Ich fand einfach kein Ende.

Wie schon erwähnt, ich will nicht bestimmte Anlässe für meine Drogen verantwortlich machen. Andere Personen gehen mit solchen Situationen ganz anders um. Ich allerdings, in meiner psychisch labilen Verfassung mit Hang zu Borderline (hierzu komme ich noch später) und Depressionen bin diesen Weg

Zum ersten Mal
harte Drogen

„Irgendwann erfolgte der
Einstieg in die harten
Drogen. Hier erzähle ich, wie
es angefangen hat und wie
Crack sofort abhängig macht"

gegangen. Mit 21 Jahren nahm ich zum ersten Mal Heroin, das ich die erste Zeit allerdings nur schniefte. Dabei blieb es aber nicht. Um den endgültigen Kick zu bekommen, musst Du Dir das Zeug auch spritzen.

Das war dann die nächste Stufe auf dem Weg nach unten. Wenn Du erst mal Crack und Heroin genommen hast, bleibt Dir nicht mehr viel.

Das Gefühl, wenn Du das erste Mal Heroin nimmst, ist ziemlich seltsam: Man denkt, man schwebt, aber gleichzeitig fühlt man sich so niedergeschlagen. Es ist schwer zu beschreiben.

Die Kombination aus Crack, Kokain und Heroin ist brutal. Vor allem, wenn man nicht weiß, wie viel man nehmen kann, ohne sich ernsthaft zu gefährden. Ich wusste das anfangs nicht. Wir kauften das Zeug mit Freunden und teilten es. Auch sie kannten die richtige Dosierung nicht. Beim ersten Mal holten wir einen „10er" Beutel, also ein halbes Gramm für 10 Euro. Heute liegt der Preis sicherlich bei 25-30 Euro oder sogar noch mehr und die Qualität der Drogen war früher wahrscheinlich besser. Heute wird Heroin und Crack oft gestreckt, um mehr zu verdienen.

Crack raucht man als „Stein". Je nachdem, wie die Qualität des Steins ist, hält der Rausch für 5 – 10 Minuten vor, maximal 15 Minuten. Das ist auch der Grund, weswegen man immer wieder Nachschub benötigt: ein sehr kurzer Rausch, den man oft haben will.

Preis für Crack
und Bedarf pro Tag

„Um einmal einen Eindruck zu
gewinnen, wie lange der
Rausch von Crack anhält und
welchen Bedarf ein
Drogensüchtiger hat, habe ich
dieses Video erstellt"

Nachdem ich meinen Job beim Sicherheitsdienst verloren hatte (mittlerweile habe ich auch jegliches Interesse an dieser oder einer anderen Arbeit verloren), mir aber Geld für Drogen beschaffen musste, blieb nichts mehr für andere Dinge des Lebens übrig, wie z. B. die Miete. Irgendwie verliert man das Gefühl für bestimmte Notwendigkeiten, wie z. B. der regelmäßigen Zahlung von Mietverbindlichkeiten.

Das Ergebnis war, dass ich neben meinem Job nun auch meine Wohnung verlor. So richtig interessiert hat mich das allerdings nicht. Wenn Du auf Drogen bist, sind Dir viele Dinge einfach egal. Du lebst in den Tag hinein, bist für Drogenbeschaffung verantwortlich und der Rest interessiert nicht. Das Verantwortungsgefühl für viele Dinge kommt Dir einfach abhanden. Zunächst kam ich bei Kumpels, also ehemaligen Arbeitskollegen, unter. Aber nach sechs oder acht Wochen suchte ich nicht einmal mehr deren Gesellschaft. Ich wollte das Bahnhofsviertel nicht mehr verlassen. Mein einziges Ziel war der Konsum. Dazwischen musste ich Geld beschaffen und Drogen kaufen. Also fing ich an, im und um das Bahnhofsviertel zu übernachten. In Hof- und Türeingängen, unter Brücken, in Abrisshäusern oder auch in den U-Bahn-Stationen haben wir Zuflucht gesucht, um ein paar Stunden zu schlafen. So richtig häuslich eingerichtet haben wir uns nirgends. Das ging auch gar nicht, weil die Sachen, die man dort liegen lässt, entweder geklaut oder weggeräumt werden. Also hat man die wenigen Utensilien in Taschen dabei oder versteckt sie irgendwo. Bei mir war es ein alter Schlafsack und eine kaputte Isomatte als Unterlage.

Die Nächte als Frau im Bahnhofsviertel

„Frauen haben es schwerer im Bahnhofsviertel als Männer. Wie wir uns schützen, erzähle ich in diesem Video"

Geldbeschaffung

Das Leben war ein Teufelskreis: konsumieren, sich kurzzeitig gut fühlen, Geld für neue Drogen beschaffen und von vorne beginnen. Wenn man kein Geld hat, beschafft man es sich auf andere Weise, begeht Straftaten.

„Alles ausser Prostitution"

In Fachkreisen nennt man das „Beschaffungskriminalität" – Ladendiebstähle, Raub, Einbrüche in Häuser und Lagerhallen, Hehlerei. Ich tat alles, um an Geld zu kommen, außer Prostitution.

Manche gestohlenen Dinge, wenn sie interessant genug waren, tauschten wir direkt beim Dealer gegen Crack oder Heroin ein. Besonders scharf waren sie auf Playstation oder Mobiltelefone. Wenn wir mal jemanden auf der Straße abgezockt hatten, der ein Notebook oder ein Ipad dabei hatte, das wurden wir sofort los. Problematisch war, dass es für geklaute Ware nur ein paar Euro gab, einen Bruchteil des tatsächlichen Wertes. Damit kommst Du natürlich nicht weit und somit häuften sich die Diebstähle. In Geschäften wie Douglas oder Galeria Kaufhof konnte man in der Parfümabteilung gut hochwertige Sachen stehlen. Edle Parfüms, zum Teil Schmuck oder Markensachen standen oben auf der Liste. Diese Sachen ließen wir reihenweise mitgehen. Manchmal wurden wir erwischt, meist jedoch waren wir geschickt genug. Für ein Parfüm, das im Geschäft über 100 Euro kostet, bekam man auf der Straße etwa 30 – 35 Euro.

Auch teure Fahrräder brachten Geld. Die Schlösser zu knacken war einfach. Für ein gutes Fahrrad gab es schon mal 50 Euro, meistens aber weniger. Heute sieht das sicherlich anders aus bei den E-Bikes. Die gab es damals allerdings noch nicht.

Dann hatte man wieder Ruhe für den nächsten Stoff. Man kaufte sich etwas zu essen. Oder man stahl Essen im Supermarkt, dann blieb mehr Geld für Crack. Das alles tat ich ohne Hemmungen. Wenn Du drauf bist, machst Du vieles ohne Skrupel. Du funktionierst einfach.

Um Geld zu besorgen, gingen wir auch der Auftragsbeschaffung nach: teure Parfüms und Dessous für die Prostituierten, Elektronik für die Dealer oder auch mal Uhren für die Zuhälter. Stellenweise gingen wir mit Listen zum Abarbeiten in die Geschäfte.

„Wenn Du drauf bist, hast Du keine Hemmungen mehr"

Geldbeschaffung

„Einen kleinen persönlichen
Einblick gebe ich hier, wie
wir an Geld rangekommen sind.
„Alles außer Prostitution"
war meine Devise"

In meinem Leben im Bahnhofsviertel gab es viele Konflikte. Geld, das Du verliehen und nicht wiederbekommen hast; Sachen, die Dir gestohlen wurden, Streit im Suff, im Drogenrausch oder während des Entzugs – meist wegen Nichtigkeiten. Das ganze Viertel war ein Moloch der Aggressivität und der latenten Gewalt.

Wenn ich unter Drogeneinfluss stand, wurde ich oft aggressiv... sehr aggressiv. Ich erinnere mich an eine Situation, als Stern TV in unser Viertel kam, um zu filmen. Das muss 2017 gewesen sein. Ich greife hier einmal vor, aber thematisch passt die folgende Situation gut an diese Stelle.

Nun ist es so, dass wir generell nicht gefilmt werden wollten. Wer möchte das schon, wenn er nicht alle Sinne beisammenhat oder gerade Crack raucht?

Kurzer Zeitsprung
zu Stern TV 2017

An dem Tag, an dem Stern TV drehte (wir waren allerdings nicht das Ziel des Drehs) verkauften wir Drogen auf der Straße. Die Kamera schwenkte beim Dreh aber immer wieder zu uns rüber. Das hat uns gar nicht gefallen und wir haben dem Team zu verstehen gegeben, dass sie aufhören sollen. Sie fanden uns wohl interessant und haben deswegen weiter gedreht. Daraufhin haben wir unsere Verkäufe eingestellt und sind auf das Drehteam zu, um die Leute zur Rede zu stellen.

Wir wurden sauer und haben angefangen, das Team zu bedrohen, das daraufhin die Flucht in ein nahegelegenes Sonnenstudio ergriff. Erst 2024 habe ich vom Aufnahmeleiter erfahren, dass die oberste Devise eines Journalisten das Weiterdrehen ist – egal womit. Die Journalistin hat die weitere Szene mit dem Handy gefilmt, was ich nicht wusste.

„Mit der zerbrochenen Flasche auf das Dreh-Team los"

Ich war so sauer in meinem Drogenrausch. Sauer, weil sie geflüchtet sind, weil sie mich gefilmt haben und weil sie im Solarium-Gebäude waren und ich nicht reinkam. Um irgendetwas zu tun, habe ich meine leere Bierflasche an der Hauswand zerschlagen und ihnen mit dem scharfkantigen Flaschenhals gedroht. Ich glaube, wenn ich damals irgendwie in das Gebäude gekommen wäre, hätte ich zugestochen. Nicht auszudenken. Von innen wurde die Polizei gerufen, die auch sofort angerückt kam und mich mitgenommen hat – mal wieder.

Diese Szene wurde später in der Stern TV-Sendung gezeigt (siehe QR-Code).

Ich 2017 beim Angriff auf das Drehteam

„Dieses Video hat Stern TV
vor einigen Jahren gesendet.
Nicht sehr rühmlich, aber mit
enormen Aggressionsstau.
Dieses Video hatte ich ganz
vorn im Buch schon einmal
verlinkt. An dieser Stelle
noch einmal zur Erinnerung
auf das Thema"

Angriff auf
das Kamerateam

„Hier erzähle ich, was genau
damals passiert ist. Auf dem
vorherigen Video ist nicht
viel zu erkennen, daher im
Interview noch einmal
ausführlich die ganze
Geschichte"

Jahre später hatte ich die Möglichkeit, das Filmteam erneut zu treffen. Bei diesem Treffen nutzte ich die Gelegenheit, mich für mein Verhalten zu entschuldigen. Das ist etwas, was ich heute gerne bei vielen anderen Menschen tun würde. Drogen verändern einen Menschen wirklich sehr.

Auch bei dem Solarium-Besitzer habe ich mich bei meinem ersten (und letzten) Besuch des Bahnhofsviertels im Januar 2024 persönlich entschuldigt. Hierzu aber später mehr.

Solche Situationen waren damals an der Tagesordnung. Heute, ich bin seit vier Jahren clean, bin ich komplett anders, aber damals?

Resonanz
Kameraangriff 2017

„In diesem Video hat mich das
Drehteam von Stern TV 2024
mit dem Video von damals
konfrontiert. Hier zeige ich
meine Resonanz zu damals"

Verurteilung zur
ersten Gefängnisstrafe

Wenn ich auf Entzug war, wurde ich besonders aggressiv. Ich hatte dann eine solche Wut in mir, dass ich manchmal dachte, ich müsste platzen. Diese gebündelte Wut musste dann irgendwie raus. Es kam dann schon mal vor, dass ich sie an dem nächstbesten Typen rausgelassen habe, der mir entgegenkam. Was häufig in einer Anzeige wegen Körperverletzung endete.

Natürlich blieb es nicht bei der einen. Es folgten weitere wegen Körperverletzung, Diebstahl, Raub usw.

Die Folge war unvermeidlich – die Polizei erwischte mich und ich erhielt meine erste ernsthafte Gefängnisstrafe mit 22 Jahren. Die Verhaftung erfolgte mitten auf der Straße, und über Nacht landete ich im Gefängnis. Am nächsten Morgen stand ich, völlig auf Entzug, vor dem Haftrichter. Als er mir zwei Jahre Haft ohne Bewährung für Diebstahl und Körperverletzung verkündete, war ich wie gelähmt vor Schock.

In diesem Moment dachte ich nur: "Verdammt, was machst du nur? Du brauchst deine Drogen, deinen Alkohol. Was für ein Chaos hast du angerichtet?" Diese letzte Frage sollte mich noch viele Jahre begleiten.

Diebstahl und Raub

„In diesem Interview gebe ich
ein Statement zu Diebstählen
und Raubüberfälle auf
Passanten. Ich erwähne die
Machtlosigkeit der Polizei
und dass es im Viertel keine
31er (Verräter) gibt"

2000-2002
Der Knast

Da das Gefängnis leider zu meinem Leben hinzugehört, beschreibe ich meinen ersten Aufenthalt ausführlicher. Ich war in den Folgejahren noch öfter im Gefängnis, die Abläufe waren ähnlich. Deswegen verzichte ich bei den anderen Verurteilungen auf größere Details.

Gleich am ersten Tag in der JVA begann der Aufnahmeprozess. Das heißt, ich musste mich vollständig entkleiden. Ich bekam Unterwäsche, Socken, einen Jogging-Anzug und Schuhe. Dazu gab es ein Wäschenetz mit täglich frischer Unterwäsche, einer Decke, einem Kissen, Bettwäsche, Zahnputzzeug und Handtüchern. Als Raucher erhielt ich ein Päckchen Tabak, das ich bei meiner Entlassung bezahlen musste. Kaffee und Duschgel bekam ich von der Gefängnisseelsorge.

Zunächst verbrachte ich vier Tage auf der Krankenstation. Ich konnte nachweisen, dass ich heroinabhängig war. Also erhielt ich Methadon oder Polamidon als Ersatz. Auch gegen Alkoholsucht gab es Medikamente. Doch für meine Kokainabhängigkeit gab es keinen Ersatz.

EXKURS:
Medikamente für den Entzug

Methadon / Polamidon gegen Heroinsucht

Polamidon, ein vollsynthetisches Opioid, ist eng mit Methadon verwandt, einem ebenfalls synthetischen Opioid. Es wurde erstmals 1949 auf den Markt gebracht und ist heute hauptsächlich unter dem Namen L-Polamidon® bekannt. Wie Methadon ist Polamidon ein sehr starkes Schmerzmittel. Der Wirkstoff hat eine analgetische Potenz von 4, im Vergleich zu Morphin, das eine Potenz von 1 hat, und klassischem Methadon, das eine schmerzstillende Wirkung mit dem Faktor 2 aufweist. Levomethadon, der Wirkstoff in L-Polamidon®, ist somit doppelt so stark schmerzstillend wie Methadon.

Der Hauptunterschied zwischen Methadon und Levomethadon liegt in ihrer chemischen Struktur. Methadon wird oft als rac-Methadon bezeichnet und ist ein Gemisch (Razemat) aus zwei Molekülarten: Dextromethadon und Levomethadon. Während Levomethadon in diesem Gemisch die typische Wirkung von Opiaten und Opioiden auf die Rezeptoren im zentralen Nervensystem hat, ist Dextromethadon in dieser Hinsicht wirkungslos. Medikamente wie L-Polamidon® enthalten ausschließlich Levomethadon-Moleküle. Dadurch, dass sie die wirkungslosen Bestandteile nicht enthalten, ist ihre Wirkung doppelt so stark wie die des klassischen Methadon-Razemats.

Medikamente gegen Alkoholsucht

Es gibt Medikamente, die zur Behandlung von Alkoholabhängigkeit eingesetzt werden. Diese Medikamente unterstützen Betroffene dabei, den Alkoholkonsum zu reduzieren oder ganz einzustellen. Es ist wichtig zu betonen, dass Medikamente meist Teil einer umfassenderen Therapie sind, die auch psychologische Beratung und soziale Unterstützung umfasst. Zu den häufig verwendeten Medikamenten gehören:

1. **Disulfiram (Antabus)**: Dieses Medikament wirkt, indem es eine Unverträglichkeitsreaktion auf Alkohol verursacht. Wenn jemand, der Disulfiram einnimmt, Alkohol konsumiert, erleidet er unangenehme Symptome wie Übelkeit, Erbrechen und Herzklopfen. Diese Reaktion soll die Person davon abhalten, Alkohol zu trinken.

2. **Naltrexon**: Naltrexon blockiert die belohnenden und euphorisierenden Effekte von Alkohol und reduziert so das Verlangen danach. Es ist in Tablettenform oder als einmal monatlich zu verabreichende Injektion erhältlich.

3. **Acamprosat (Campral)**: Acamprosat wirkt durch die Stabilisierung der chemischen Balance im Gehirn, die durch langfristigen Alkoholmissbrauch gestört sein kann. Es hilft, das Verlangen nach Alkohol zu verringern.

Diese Medikamente sind verschreibungspflichtig und sollten nur unter ärztlicher Aufsicht verwendet werden. Die Auswahl des geeigneten Medikaments hängt von verschiedenen Faktoren ab, einschließlich der individuellen Gesundheitsgeschichte und der spezifischen Bedürfnisse des Patienten.

Medikamente gegen Kokainsucht

Die Behandlung der Kokainabhängigkeit stellt eine besondere Herausforderung dar, da es aktuell keine spezifisch von der US-amerikanischen Lebensmittel- und Arzneimittelbehörde (FDA) oder vergleichbaren Institutionen zugelassenen Medikamente gibt, die ausschließlich zur Behandlung von Kokainsucht entwickelt wurden. Die Behandlung der Kokainabhängigkeit stützt sich hauptsächlich auf psychotherapeutische Methoden, darunter Verhaltenstherapie und Beratungsangebote.

Es gibt jedoch einige Medikamente, die in der Praxis zur Unterstützung der Behandlung von Kokainabhängigkeit verwendet werden, obwohl sie ursprünglich für andere Zwecke entwickelt, wurden:

1. **Modafinil**: Ursprünglich zur Behandlung von Narkolepsie eingesetzt, kann Modafinil dabei helfen, die Stimmung zu heben und das Verlangen nach Kokain zu verringern.

2. **Baclofen**: Ein Muskelrelaxans, das auch das Verlangen nach Kokain reduzieren kann.

3. **Antidepressiva**: Bestimmte Antidepressiva können zur Behandlung der bei Kokainentzug auftretenden Depressionen und Angstzustände verwendet werden.

4. **Antipsychotika**: Bei Patienten, die aufgrund ihres Kokainkonsums psychotische Symptome entwickeln, können Antipsychotika zur Stabilisierung beitragen.

5. **Topiramat**: Dieses Medikament wird eigentlich zur Behandlung von Epilepsie und Migräne verwendet, hat sich aber in einigen Studien als hilfreich bei der Reduzierung des Kokainkonsums erwiesen.[1]

Es ist wichtig zu betonen, dass die Wirksamkeit dieser Medikamente von Person zu Person unterschiedlich sein kann und sie immer Teil eines umfassenden Behandlungsplans sein sollten, der von medizinischen Fachkräften überwacht wird. Zudem ist die Forschung in diesem Bereich weiterhin aktiv, und es werden neue Behandlungsmöglichkeiten untersucht.

---

[1]Quellen: www.dassuchtportal.de, www.waybettyford.de und weitere.

Mein erster Entzug

Hier auf der Krankenstation hatte ich meinen ersten unfreiwilligen Entzug und es sollten noch einige folgen. Unfreiwillig deswegen, weil ich durch die Inhaftierung hierzu gezwungen wurde. Somit ist mein Körper, aber nicht mein süchtiger Kopf von der Sucht geheilt worden. Ich war somit nach der Entgiftung zwar körperlich clean, mein Kopf wollte aber immer noch Drogen zu sich nehmen.

Ich versuche an dieser Stelle einmal, den Prozess des Entzugs zu beschreiben. Diesen habe ich mehrfach bei den anderen Verhaftungen (hierzu komme ich noch) ähnlich erlebt – mal heftiger, mal weniger heftig. Entsprechend gehe ich hier an dieser Stelle intensiver darauf ein und verzichte später darauf.

Auf der Krankenstation bekommst Du gegen Nachweis (den ich im Vorfeld schon hatte, damit ich den Drückraum in der Elbestraße aufsuchen konnte), wie beschrieben, Methadon oder Polamidon. Somit hast Du zunächst keinen kalten Entzug, sondern kommst langsam runter. Die ganz harten Entzugserscheinungen hatte ich also nicht, aber zeitweise bekam ich auch Schüttelfrost, Schweißausbrüche und quälende Schmerzen. Körperlich fühlte ich mich manchmal, als würde ich einen endlosen Kampf gegen eine unsichtbare Kraft führen. Dazu kamen extreme Kopfschmerzen, eine ständige Müdigkeit, Muskelkrämpfe und Übelkeit, so dass ich die meiste Zeit im Bett geblieben bin.

Psychisch war es noch härter. Eingesperrt auf der Krankenstation, ohne Ablenkung oder größere Unterstützung, war ich meinen Gedanken komplett ausgeliefert. Auch das fällt mir schwer zu beschreiben. Am besten stellt man sich eine komplexe Mischung aus Schlaflosigkeit, Gedankenrasen und unkontrollierbaren Stimmungsschwankungen vor. Nächtelang lag ich wach, geplagt von Gedanken an meine Vergangenheit und die Unsicherheit der Zukunft.

Die Schlaflosigkeit führte zu Erschöpfung, die wiederum meine Fähigkeit, klar zu denken und rationale Entscheidungen zu treffen, vollkommen beeinträchtigte.

„Das Kopf-Kino lässt Dich nicht los"

Ich hatte ein ständiges Verlangen nach Drogen, was mich wie ein Schatten verfolgte. Jeder Mensch, der gerade mit dem Rauchen aufgehört hat, kennt dieses Gefühl.

In der meisten Zeit war ich klar im Kopf. Dann dachte ich über mein Leben nach und war häufig von Verzweiflung und Hoffnungslosigkeit überwältigt. Dann gab es Momente, da dachte ich, ich habe den Kopf voller Watte und konnte keinen klaren Gedanken fassen.

Das Ganze war eine emotionale Achterbahnfahrt, bei der jeder

Tag anders war. Die intensiven Gefühle, die ich jahrelang mit Heroin, Crack und Alkohol unterdrückt hatte, brachen jetzt ungehindert hervor.

Es gab Momente, in denen ich von überwältigender Traurigkeit ergriffen wurde, begleitet von Tränen, die ohne Vorwarnung kamen. Gleichzeitig erlebte ich Stunden voller Angst, in denen ich nicht wusste, ob ich je wieder ein normales Leben führen könnte. Diese Angst kam mit einem Gefühl innerer Leere einher, als ob ein Teil von mir für immer verloren gegangen ist.

Dann wieder gab es Lichtblicke, eine Art Hoffnungsschimmer. Hoffnung auf ein Leben ohne Drogen, ohne ständigen Zwang der Geldbeschaffung, der Kriminalität. Vielleicht kann man dieses Gefühl mit „innerem Frieden" bezeichnen oder eine vage Ahnung einer möglichen Zukunft – Stichworte könnten „Freiheit" oder auch „Selbstbestimmung" sein.

Irgendwann, nach ein paar Tagen, wachst Du morgens auf und irgendwie ist alles gut. Die Kopfschmerzen sind weg, die Schweißausbrüche und auch die krausen Gedanken – vielleicht ähnlich wie bei einer Grippe: tagelang kämpft man gegen Fieber, Müdigkeit und Schmerzen. Und eines Tages fühlt man sich plötzlich wesentlich besser. Und der Trott kann beginnen.

Der Alltag im Gefängnis

Die ersten Tage im Gefängnis waren für mich eine enorme Herausforderung, ein völlig unbekanntes Terrain. Zwar begegnete ich einigen bekannten Gesichtern von draußen und fand so Gesprächspartner, aber das Eingewöhnen war dennoch hart. Normalerweise hatte ich nie Probleme damit, neue Leute anzusprechen. Und das war im Gefängnis umso wichtiger, um den Alltag dort erträglicher zu gestalten.

Im Gefängnis hatte man täglich eine Stunde Hofgang. Auf der Krankenstation waren es sogar zwei Stunden.

Auf der Krankenstation wurden wir jeden Morgen um 7:00 Uhr von den Wärtern geweckt, danach gab es Frühstück. Den Vormittag und den Nachmittag verbrachte man größtenteils in der eigenen Zelle. Mittagessen gab es um 12:00 Uhr. Zwischen 16:00 und 18:00 Uhr war Aufschluss, was bedeutete, dass man sich innerhalb der Station frei bewegen konnte. In dieser Zeit konnte man duschen, die Zelle oder das Krankenzimmer reinigen oder sich mit anderen Insassen unterhalten. Es gab Bücher und Gemeinschaftsspiele.

Aber auf der Krankenstation war mein Zustand so, dass ich kaum etwas tun konnte. Ich hatte weder den Kopf frei für Bücher noch für Spiele und auch die Lust auf Unterhaltung fehlte vollkommen. Zuerst musste ich lernen, mit meinem eigenen Körper und der harten Realität zurechtzukommen – der Realität, im Gefängnis zu sein.

„Man hat sehr viel Zeit zum Nachdenken"

Wenn man im Gefängnis ist, hat man oft zu viel Zeit zum Nachdenken und das kann wirklich quälend sein. So viele Gedanken wirbeln einem durch den Kopf.

Nach einigen Tagen auf der Krankenstation wurde ich in eine Zelle auf der regulären Station verlegt. Jede Station hatte Einzel- und Doppelzellen, sowie eine Schlichtzelle. Zusätzlich gab es in jedem Gebäude einen sogenannten „Bunker".

Die Schlichtzelle, ausgestattet mit Überwachungskameras, war für Insassen gedacht, die sich selbst gefährden könnten. Der Bunker war der Ort für Regelbrecher, etwa wenn man mit verbotenen Gegenständen erwischt wurde. Hier war es streng – Überwachung, Papier-Overalls anstelle normaler Kleidung und statt einer normalen Toilette gab es nur ein Loch im Boden. Das Licht war dort immer an, Tag und Nacht, was einen schnell das Zeitgefühl verlieren ließ. Ein Aufenthalt im Bunker war wie ein Albtraum, den ich niemandem wünsche.

Urlaub im Bunker

„Hier beschreibe ich einmal,
was der Bunker ist und wie es
dort abläuft. Ich war zum
Glück nicht oft dort"

Das Leben auf der regulären Station unterschied sich stark von der Krankenstation. Statt der Zweibettzimmer des Krankenhauses hatte man hier in der Regel eine Einzelzelle. Die Gemeinsamkeit lag in den Gittern an den Fenstern.

„Jeden Tag der gleiche Ablauf"

Morgens um 06:30 Uhr wurden die Zellentüren geöffnet, bis 08:00 Uhr gab es Frühstück – Wurst, Käse und Brot aus der Gemeinschaftsküche. Butter wurde nur einmal wöchentlich verteilt.

Die arbeitenden Gefangenen versammelten sich um 07:00 Uhr, um mit den Wärtern zu den Arbeitsplätzen zu gehen. Die Arbeitszeit in der Küche begann allerdings schon um 06:30 Uhr, in der Wäscherei und anderen Bereichen um 07:15 Uhr und endete um 15:00 Uhr. In der Küche war man bereits um 13:00 Uhr fertig.

Wer nicht arbeitete, wurde um 08:00 Uhr wieder in seine Zelle eingeschlossen, bis etwa 11:00 Uhr oder 11:30 Uhr. Dann wurde gefragt, wer zum Mittagessen gehen möchte. Wer nicht wollte oder beispielsweise aus Gesundheitsgründen nicht konnte, blieb in seiner Zelle. Gemeinsam ging man dann zum Speisesaal in einem anderen Gebäude. Nach dem Mittagessen ging es zurück zur Station, wo die Zellen bis ca. 13:00 Uhr offen waren.

Bis 15:30 Uhr war man wieder eingeschlossen. Danach gab es eine Stunde Hofgang, wo man draußen spazieren gehen, sich unterhalten oder einfach nur frische Luft schnappen konnte. Es war eine Gelegenheit, neue Leute kennenzulernen und Freundschaften zu schließen.

„Aber immer mit Vorsicht zu genießen"

Richtige Freunde gibt es dort aber nicht. Ich habe einige Zeit gebraucht, um zu lernen, dass man bei Bekanntschaften vorsichtig sein muss. Oft wirst Du nur ausgenutzt oder für irgendetwas eingespannt. Wahre Freundschaften sind dort äußerst selten.

Nach der Zeit im Hof kehrten wir zurück auf die Station. Dort blieben die Zellen bis 20:00 Uhr geöffnet, danach war Einschluss. In diesen Stunden konnten wir uns auf unterschiedliche Weise beschäftigen – Essen kochen, fernsehen, sich unterhalten oder spielen.

Es gab auch Bildungsangebote, an denen man teilnehmen konnte. Die meisten Insassen hatten sie nicht in Anspruch genommen. Einige schon, denn es waren Möglichkeiten, dem Alltag zu entfliehen und einmal etwas anderes zu machen.

Es gab sogar einen kleinen Laden in der JVA, wo man Lebensmittel, Hygieneartikel, Tabak, Zigaretten, Getränke, Obst, Gemüse, Eier und Süßigkeiten kaufen konnte. Zu besonderen Anlässen, wie beispielsweise Weihnachten, konnte man sogar Fleisch bestellen. Allerdings war das nur möglich, wenn man Geld auf seinem Gefangenenkonto hatte. Dieses Geld konnte man sich durch Arbeit verdienen oder es wurde von außen eingezahlt. Das war dann speziell für den Einkauf gedacht. Wer kein Geld hatte, bekam ein monatliches Taschengeld von etwa 35-40 Euro. Das war nicht viel, aber es reichte für das Nötigste.

Wenn man finanziell bessergestellt war, konnte man sich sogar einen Fernseher mieten, der etwa 20 Euro im Monat kostete. Falls man nachweisen konnte, dass man kein Geld hatte, bestand die Möglichkeit, einen Antrag auf Kostenübernahme bei der Seelsorge zu stellen.

Die Bücherei in der JVA war ein wöchentlicher Zufluchtsort, um sich bis zu drei Bücher auszuleihen. Diese Bücher waren eine der wenigen Möglichkeiten, um dem Gefühl der Enge und Isolation während des Einschlusses zu entkommen.

Diejenigen, die tagsüber gearbeitet hatten, nutzten die Abendstunden oft zum Duschen und zum Putzen ihrer Zellen. So vertrieben wir uns die Zeit.

Einmal pro Woche gab es die Möglichkeit, Wäsche zu tauschen – frische Unterwäsche, Jogginganzüge und ähnliches. Der Tausch der Bettwäsche war einmal im Monat möglich. Die erste Nacht, wenn man eingeschlossen ist, bleibt einem besonders im Gedächtnis – sie ist die härteste. Ich erinnere mich, dass ich kaum ein Auge zubekommen habe. Ich war so nervös, so unruhig, und das ist wohl bei den meisten Neulingen der Fall. Es ist sehr hellhörig im Gefängnis. Unbekannte Geräusche, Schlüssel klappern oder mal eine Mitgefangene, die einen Knastkoller hat – alles Geräusche, an die man sich erst einmal gewöhnen muss. Dazu kommt die Enge des Raumes, das harte Bett und die kahlen Wände. Die erste Nacht war wirklich schrecklich.

„Nachts sind die Lebend-Kontrollen"

Bedingt durch meine Zeit auf der Straße habe ich sowieso einen sehr leichten Schlaf. Kleinste Geräusche lassen mich hochschrecken – ein Schutzinstinkt, den ich in der ersten Zeit im Frankfurter Bahnhofsviertel „erlernt" habe. Das wurde hier im Gefängnis nicht anders. Richtig durchgeschlafen habe ich hier in den ganzen Jahren kaum. Selbst heute, ich bin seit vier Jahren clean und alkoholfrei, habe ich einen derart leichten Schlaf, dass ich häufig in der Nacht aufwache[2].

---

[2]Anmerkung vom Autor: Mit Caro war ich im Februar 2024 in Köln zur Live-Sendung von Stern-TV. Als wir nachts um 01:00 Uhr ins Hotel gekommen sind, bin ich müde ins Bett gefallen. Caro blieb noch auf, um vor dem Hotel zu rauchen. Gegen 03:00 Uhr ist sie aufgestanden, um wieder eine Zigarette zu rauchen. Ab 05:00 Uhr lag sie wach und hat sich um 06:00 Uhr beim Kiosk nebenan einen Kaffee geholt. Ich dagegen habe bis 07:00 Uhr durchgeschlafen und im Anschluss eine total wache Caro am Frühstückstisch erlebt.

Um sicherzustellen, dass es uns gut geht, führen die Wärter in den ersten Nächten regelmäßige Kontrollen durch, alle paar Stunden. Sie wollen sicherstellen, dass niemand in seiner Verzweiflung aus dem Bettzeug einen Strick dreht. Das trägt natürlich auch nicht dazu bei, dass man vernünftig schläft.

„Die Wochenenden sind todes-langweilig"

Am Wochenende sind die Zeiten, in denen die Zellen geöffnet sind, anders geregelt. Morgens von 07:00 bis 08:00 Uhr, mittags von 11:30 bis 13:00 Uhr und nachmittags für eine Stunde zum Hofgang. Ab 17:00 Uhr ist dann Wochenendruhe – Einschluss bis zum nächsten Morgen. Diese Abende können in der kleinen Zelle unglaublich lang und einsam werden. Ohne Fernseher oder ein Buch kann man fast durchdrehen. Die Zeit scheint stillzustehen, sich endlos zu ziehen. Genau dann packt manche der sogenannte "Knastkoller". Dann dreht man durch und nimmt die Zelle auseinander.

Aus reiner Langeweile lehnt man sich schon mal ans Fenster und ruft irgendetwas hinaus, in der Hoffnung, dass jemand antwortet. Man sieht die anderen nicht, denn die Gitterstäbe blockieren die Sicht. So findet die Kommunikation am Fenster statt, bis man dabei erwischt wird. Denn das Rufen aus dem Fenster, besonders am Wochenende und abends, wird von den Wärtern nicht gerne gesehen oder gehört.

Sonstige Dienste und Abwechslungen in der JVA

In der JVA gab es auch einen Sozialdienst, der sich nach Kräften bemühte zu unterstützen. Sie halfen beispielsweise beim Ausfüllen von Formularen und versuchten, Wohnraum für die Zeit nach der Entlassung zu organisieren, obwohl es manchmal (wie z. B. bei mir) bei dem Versuch blieb. Nicht jeder Gefangene nahm diese Hilfe in Anspruch und der Weg nach draußen musste oft eigenständig organisiert werden.

Einmal pro Woche konnte man zur Kapelle gehen. Der Gottesdienst fand jeden Sonntag um 09:00 Uhr statt und bot die Chance, andere Mitgefangene aus verschiedenen Häusern und Stationen zu treffen. Zwar nahmen nicht viele dieses Angebot wahr, aber es war eine willkommene Abwechslung, um für eine Stunde dem Alltagstrott zu entfliehen – unabhängig vom persönlichen Glauben.

Sport war ebenfalls eine Option. Man konnte sich für eine Stunde Gerätetraining, Basketball, Volleyball oder Fußball eintragen, um sich ein wenig fit zu halten.

Nach einigen Wochen in der JVA stellte ich einen Antrag auf Arbeit, denn eine Arbeitszuteilung hing von verschiedenen Faktoren wie dem begangenen Delikt und der Straflänge ab. In bestimmten Bereichen, wie beispielsweise in der Küche, durften Personen mit bestimmten Verurteilungen nicht arbeiten.

Ich arbeitete in der Wäscherei, was mir überraschenderweise sogar Spaß machte. Dort waren viele Gefangene beschäftigt, und man konnte an der Waschstraße oder an der Mangel arbeiten, zuständig für Bettwäsche. Wir wuschen und mangelten nicht nur für die JVA, sondern auch für große Hotels in der Umgebung.

Die Arbeit war aus mehreren Gründen wichtig: Sie bot eine Auszeit von der Zelle, ermöglichte soziale Kontakte und half beim Geld verdienen, um sich einen Fernseher zu leisten oder andere Dinge zu kaufen. Ein Teil des Verdienstes wurde zudem auf ein Überbrückungsgeld-Konto eingezahlt, das nach der Haft als Startkapital diente.

So verbrachte ich meine ersten zwei Jahre im Gefängnis. Besuche erhielt ich selten. Zu meiner Familie hatte ich keinen Kontakt und meine ältere Schwester Andrea, die immer mein enger Kontakt war, war 1996 in die USA ausgewandert und konnte mich nicht besuchen. Nur eine Freundin kam ein paar Mal. Wahre Freunde waren rar, vor allem in Zeiten der Drogensucht.

„Drogen in der JVA"

Eine der häufigsten Fragen, die ich in der letzten Zeit zum Thema Haft bekommen habe, war nicht etwa „Wie erging es Dir dort?" oder „Warst Du einsam?" oder „Hattest Du einen Knastkoller?", sondern tatsächlich „Bist Du da an Drogen rangekommen?". Das fand ich deswegen befremdlich, weil exakt diese Frage häufig von Personen kam, die niemals in ihrem Leben mit Drogen zu tun gehabt haben. Wie kommt Ihr auf genau diese Frage? Nicht, dass ich mich um diese Antwort winden möchte, natürlich beantworte ich die Frage – ich wundere mich nur.

Würde ich jemanden kennen, der im Knast war, ich würde 1.000 andere Fragen stellen. Z. B.: „Du sitzt zwei Jahre im Knast – was ist mit Sex?" Aber DIESE Frage wurde mir nicht gestellt – also gebe ich keine Antwort darauf ⌣.

Wie war die Frage noch mal? Ach ja, Drogen im Knast: natürlich kommst Du an Drogen im Knast. Hauptsächlich Pillen, die sind leichter einzuschleusen, weil sie kleiner sind als andere Drogen.

Wie? In allen Körperöffnungen, die es gibt. Einige werden erwischt – andere nicht. Ferner durch Weitergabe von Besuchern oder aber durch bestechliche Wärter. Dann reden wir allerdings vom dreifachen Preis, denn die Wärter, die sich bestechen lassen, lassen sich auch bezahlen.

Nicht zu vergessen allerdings die regelmäßigen Drogentests, die bei den Gefangenen durchgeführt werden. Wirst Du erwischt, wanderst Du in den Bunker. Das ist tatsächlich ein ernstes Problem. Die Gier nach Drogen bleibt, weil Du keine psychologische Betreuung in dieser Richtung hast. Dazu kommt der Alltags-Trott und die Langeweile, so das man sich mal „ablenken" möchte. Aber, und das ist nicht zu unterschätzen, sind regelmäßige Drogentests: irgendwann wirst Du einbestellt und musst Urin abgeben. In unregelmäßigen Abständen zu unterschiedlichen Zeiten bist Du dran. Du hast keine Chance, Dich vorzubereiten. Du kannst also nicht am Freitag Pillen schlucken, weil am Montag aus dem Urin alles weg ist. Es kommt schon mal vor, das am Samstag ein Drogentest ansteht, oder am Dienstag, Donnerstag,....

So vergeht die Zeit im Knast. Für den einen ist das Routine, für den anderen der Stress auf Erden. Ich für meinen Teil habe mich gefreut, nach zwei Jahren endlich wieder rauszukommen.

Drogen besorgen
im Knast

„Natürlich kommt man auch an Drogen im Knast heran, wenn man möchte und wenn man den Preis bezahlen kann. In diesem Video beschreibe ich, was es für Drogen gibt und wie sie in den Knast hereinkommen"

2002
Zurück in Freiheit

Als ich aus der Haft entlassen wurde, war ich zwar drogenfrei und körperlich gesund, stand aber vor dem riesigen Problem, keine Unterkunft zu haben. Keine Wohnung, keine Bleibe – ich war wieder auf der Straße.

Die JVA hatte sich nicht um meine Wohnsituation nach der Entlassung gekümmert und die mir zugeteilte Sozialarbeiterin schien mir nicht wirklich kompetent zu sein. In dieser entscheidenden Phase fühlte ich mich völlig alleingelassen. Vielleicht ist die Situation heute besser, aber vor zwanzig Jahren gab es kaum Unterstützung, um wieder im Alltag Fuß zu fassen. Ich muss allerdings gestehen, dass ich mich mehr hätte darum kümmern können. Ich habe mir wohl eingeredet, dass sich das nach meiner Entlassung schon „irgendwie" fügen wird.

Eine Rückkehr zu meiner Mutter oder anderen Verwandten kam nicht infrage, da ich zu diesem Zeitpunkt den Kontakt zu ihnen vollständig abgebrochen hatte. Ehrlich gesagt, hatte ich auch keinen Moment daran gedacht, diese Möglichkeit in Betracht zu ziehen.

So stand ich da mit den drängenden Fragen: „Was mache ich jetzt? Wo gehe ich hin? Wen kann ich um Hilfe bitten?"

Um wenigstens die ersten beiden Nächte zu überbrücken, fand

ich in der Nähe ein günstiges Hotelzimmer, in das ich meine wenigen Habseligkeiten brachte.

„Wieder im Bahnhofsviertel"

Ich bin dann erst einmal zum Bahnhofsviertel gegangen, um zu schauen, wer da alles von meinen damaligen „Freunden" ist. Und da waren sie, die bekannten Gesichter. Die Wiedersehens-Freude war groß. „Da bist Du ja wieder" und „Du bist wieder draußen" und „Das ist so schön, Dich zu sehen". Besucht hat mich allerdings keiner von denen in den letzten zwei Jahren. Diese Erkenntnis sollte mir aber erst Jahre später kommen.

Und dann sah ich ihn, meinen Dealer, zu dem ich zwei Jahre lang keinen Kontakt hatte. Auch er hat mich freudig begrüßt und fing sofort ein Gespräch an: ich wäre ja plötzlich weg gewesen, zwei Jahre als erste Haftstrafe wäre ja völlig unangemessen etc. Small-Talk vom Feinsten.

Aber ich fühlte mich verstanden und vor allem wahrgenommen. Dass der Dealer eigentlich nur daran interessiert war, an mir wieder Geld zu verdienen, wollte ich zu dem Zeitpunkt nicht wahrhaben. Vielleicht war es mir auch egal. Ich weiß es nicht.

Ich habe aber genau so reagiert, wie er es sich vorgestellt hat. Nach 10 Minuten Small Talk habe ich von ihm Drogen gekauft.

Innerhalb von nicht einmal drei Stunden in Freiheit hatte ich mir Crack und Koks besorgt und konsumiert. Ich schätze, das war Rekord.

„Wie kann man so blöd sein?"

Du fragst dich sicher: „Warum? Du warst doch clean, Caro! Wie kann man so blöd sein?"

Ja, das stimmt. Aber die Sucht funktioniert anders. Man mag körperlich clean sein, aber psychisch ist es eine andere Geschichte. Wenn du nichts hast außer der Straße, deinen süchtigen Freunden im Bahnhofsviertel und deinem Dealer, dann ist ein Rückfall fast unvermeidlich.

Ich erwähnte, dass ich im Knast einen körperlichen Entzug hinter mir hatte, mein Kopf war aber nach wie vor süchtig. Ich glaube, das umschreibt es richtig. Wenn Du nicht die notwendige psychische Hilfe erhältst (oder annimmst), dann bist Du nach wie vor süchtig. Dann reicht ein kleiner Funke und Du rauchst wieder Crack und spritzt Heroin.

Dass es allerdings so schnell gehen würde, hätte selbst ich nicht gedacht.

Das erste Mal nach so langer Zeit wieder Drogen zu nehmen, war seltsam. Heute zurückblickend war es unglaublich dumm von mir, wieder anzufangen. Ich habe viele Fehler in meinem Leben gemacht, aber das war sicher einer der Gravierendsten.

Ich hätte wirklich etwas aus meinem Leben machen können. Schule, Ausbildung, Arbeit – selbst nach meinem ersten Knast-Aufenthalt: einfach in eine andere Stadt gehen, um dort neu zu beginnen.

Aber das Bahnhofsviertel zieht einen Süchtigen immer wieder an, wie ein Magnet. Du kommst raus aus dem Knast, wo gehst Du hin? Ins Bahnhofsviertel. Du musst schon sehr gefestigt sein, um den Absprung zu schaffen. Ich war es in dieser Zeit noch lange nicht, wie ich in vielen Situationen noch schmerzlich erfahren sollte.

Das Bahnhofsviertel als Magnet

„Wenn Du keine externe Hilfe
hast, wenn Du nicht weißt
wohin Du gehen sollst oder
der Kopf nicht sagt „keine
Drogen mehr", dann landest Du
automatisch wieder im
Frankfurter Bahnhofsviertel"

„Das **Bahnhofsviertel** ist wie ein Magnet. Es zieht einen immer wieder hier her."

Nach den zwei Nächten im Hotel kehrte ich ins Bahnhofsviertel zurück. Meine Tasche mit meinen Sachen versteckte ich irgendwo, dann traf ich mich wieder mit den anderen. Meistens saßen wir einfach irgendwo auf dem Bürgersteig, an der Wand angelehnt oder standen rum.

Foto: Unsere Gruppe am Konsumraum in der Niddastraße (ich bin links im Bild).

Foto: Eine typische Szene. Hier haben wir gerade gemerkt, das wir gefilmt werden (ich bin rechts im Bild).

Wenn es regnete oder wenn es kalt war, suchten wir uns einen geschützten Platz. Oft wurden wir weggejagt, so dass wir teilweise den ganzen Tag auf Wanderung waren. Vor dem Konsumraum (wir nannten ihn praktischerweise den „Drückraum") in der Elbestraße saßen wir oft, weil wir zum Drogen konsumieren reingehen konnten. Hier gab es sterile Spritzen, Handschuhe, Desinfektionsmittel, aber auch eine Toilette, wo wir mal hinkonnten. Wir konsumierten Drogen, tranken Alkohol, die Tage gingen in die Abende über und die in die Nächte. Wir schliefen nicht, sondern machten einfach weiter. Es war wie in der Zeit vor meinem Knast-Aufenthalt. Als wenn ich nicht weggewesen wäre. Hin und wieder aß ich eine Kleinigkeit, aber das vergaß ich meistens. Essen war nebensächlich geworden. Drogen und Alkohol standen wieder an erster Stelle. Der Tag wurde zur Nacht, die Nacht zum Tag und das Geld, das ich im Gefängnis verdient hatte, schwand dahin.

Foto: Ein typisches Bild von mir damals: meist mit einer Flasche Bier in der Hand (oder stärkerer Alkohol)

500 Euro
täglich für Drogen

„Geld verrinnt in den Händen.
In diesem Video erzähle ich
vom Geldbedarf eines Junkies.
Unvorstellbar wieviel Geld
man benötigt, um seine Sucht
zu befriedigen"

Dann suchte ich mir irgendwo einen Platz zum Ausruhen. Meine Tasche mit den Kleidern hatte ich noch – etwas, das im Bahnhofsviertel eine besondere Bedeutung hat, denn solche Dinge behält man dort nicht lange.

Damals, vor über 20 Jahren, gab es in der Gegend viele leerstehende Häuser, teilweise Ruinen. Wir setzten uns in die Treppenhäuser oder legten uns in eine der Etagen, wo es trocken und windgeschützt war und versuchten, ein wenig zu schlafen.

Wie muss man sich eine solche Behausung vorstellen? Im Grunde ist es ein Abrisshaus. Wenn man Glück hat, sind die Fenster noch nicht eingeworfen, dann zieht es nicht so. Wenn es kalt war, haben wir schon mal ein kleines Feuer angemacht, um uns zu wärmen. Wohl dem, der die hinterste Ecke erwischt hat. Dort war es meist am wärmsten und windstill. Aber man musste aufpassen, dass man nicht an der Stelle liegt, wo andere hingepinkelt oder ihr großes Geschäft verrichtet haben.

„Wenn Du schlafen willst, darfst Du nicht wählerisch sein"

Auch etwas, an das man sich gewöhnen muss: überall, wo es Schlafmöglichkeiten für uns gab, stank es nach Urin und Kot, teilweise nach Erbrochenem. Das liegt einfach daran, dass niemand Lust hat, in der Nacht weite Wege zu machen. Also steht man auf, geht ein paar Schritte und verrichtet sein

Geschäft. Einen Tag später schläft der Nächste dann genau da, wo vorher hingepinkelt wurde.

Licht gibt es natürlich nur von der Straße her. Laternen, Autos oder Lichtreklame werfen permanent Lichtpunkte in die Gebäude. Das verursacht tatsächlich einen unruhigen Schlaf, so dass man morgens wie gerädert ist. Eine Eigenart, die ich bis heute nicht ablegen konnte.
Wir hatten über einen gewissen Zeitraum unsere festen Schlafplätze. Unsere Schlafsäcke, Isomatten oder Decken hatten wir an „unserem" Platz. Die wurden auch nicht geklaut. Das war ein ungeschriebenes Gesetz im Bahnhofsviertel.

Irgendwann sprach sich herum, dass diese Schlafmöglichkeit gut war und es wurde voller und voller. Dann wurde es lauter, wenn man schlafen möchte, Streitereien kamen auf und es wurde zunehmend unruhig.

Wenn es für uns zu voll war, packten wir unsere Sachen und suchten uns etwas anderes. So ging es die ganze Zeit.

Nächte durchgemacht
ohne Schlaf

„Es gab Zeiten, da haben wir
tagelang durchgemacht und gar
nicht geschlafen. Durch den
Mix von Crack, Kokain und
Heroin wirst Du einfach nicht
müde"

Foto: Eine typische Schlafstelle in einer U-Bahn-Ecke.

„Mit einem Auge und einem Ohr bist Du immer wach"

Zu dieser Zeit war echter Schlaf für mich ein Fremdwort. Doch ich fand einen Weg, zumindest für ein paar Stunden Ruhe zu finden. Allerdings habe ich schon immer einen leichten Schlaf gehabt und nur „gedöst", war nie wirklich im Tiefschlaf.

In dieser Zeit begann ein zerstörerischer Zyklus: Drogen, Alkohol, wenig Schlaf und hin und wieder ein bisschen Essen – bis schließlich kein Geld mehr übrig war.

Was machst Du also, wenn Du Stoff brauchst, aber kein Geld mehr hast? Ich fing wieder an, Leute auszurauben, in Geschäften zu stehlen, Auftragsdiebstähle anzunehmen und Drogen zu verticken. Wenn sich die Möglichkeit ergab, haben wir Leute abgezockt. Vornehmlich Touristen, die schon leicht angetrunken waren.

Foto: Direkt neben der Schlafstelle wird hingepinkelt. Entsprechend ist der Geruch im gesamten U-Bahn-Bereich.

Wenn Du drauf
bist machst Du alles

„Während unseres Kameradrehs
für Stern-TV sind wir noch
einmal nach Frankfurt
gefahren, was für mich
emotional war. Auch hier gebe
ich noch einmal einen kleinen
Einblick, wie wir Leute
abgezockt haben"

1000 Euro
halten ein paar Stunden

„In einem anderen Video habe
ich erzählt, das ein Junkie
500 Euro Geldbedarf pro Tag
für seinen Konsum hat. Wenn
dann schon mal 1.000 Euro
zusammenkommen, weil man
einen Typen abgezockt hat,
ist das Geld nach ein paar
Stunden auch weg. Was man
damit macht, erzähle ich
hier"

„Wenn ich heute darüber nachdenke und darüber spreche, überkommt mich ein **seltsames** Gefühl. Mit meinem jetzigen klaren Verstand kann ich **kaum fassen**, dass ich diese Person war, die zu solchen Handlungen fähig war. Ich habe es bereits zuvor erwähnt, aber es ist wahr: Es gibt vieles in meinem Leben, was ich **zutiefst bereue** – und diese Momente gehören **unweigerlich** dazu.“

Resumée
zur alten Caro

„Hier gehe ich einmal in mich
und gebe ein Statement zur
alten Caro aus heutiger
Sicht"

Liebe abseits des Viertels

Irgendwann in dieser Zeit lernte ich in der Stadt eine Frau kennen. Es ist vielleicht wichtig zu erwähnen, dass ich mich zu Frauen hingezogen fühle, nicht zu Männern.

Wir kamen ins Gespräch, tauschten uns über dies und das aus und lernten uns so nach und nach besser kennen. Gelegentlich trafen wir uns, allerdings fernab vom Bahnhofsviertel. Mir war es irgendwie peinlich, sie (die nie etwas mit Drogen zu tun hatte) zu meinem Lebenskreis mit den entsprechenden Leuten mitzunehmen.

Sie wusste allerdings von meinen Drogenproblemen und versuchte, mir zu helfen, davon loszukommen. Tatsächlich reduzierte ich in dieser Zeit meinen Konsum, doch ganz aufhören konnte ich nicht.

Ganz allmählich entstand aus dieser Freundschaft Liebe und ich hatte zum ersten Mal nach langer Zeit das Gefühl, als Mensch wahrgenommen und geliebt zu werden. Für jemanden wie mich, der in der Kindheit vom Stiefvater verprügelt und von der Mutter ignoriert wurde, eine völlig neue Situation, die ich erst einmal kennenlernen musste. Vor allem, wenn man die oberflächlichen Bekanntschaften der Drogen-Freunde sein Eigen nennt.

Ich zog irgendwann bei ihr in ihre Wohnung ein, und wir verbrachten unsere Zeit zusammen dort. Es war keine große Wohnung, aber sie reichte für uns zwei. Wir haben es uns dort richtig gemütlich gemacht, so dass es unser Zuhause war, wo wir uns wohlfühlten.

Trotz meines fortgesetzten Drogenkonsums hielt unsere Beziehung beinahe zwei Jahre. Sie selbst nahm keine Drogen, trank aber gelegentlich etwas, wenn wir ausgingen.

Wir hatten eine echt tolle Zeit zusammen. Ich reduzierte meinen Drogenkonsum (hörte allerdings nie ganz auf) und war meistens total klar bei Verstand. Wir verbrachten viel Zeit miteinander, redeten viel und ich hatte das Gefühl, geliebt zu werden.

Wir hatten sogar gemeinsame Zukunftsträume. Sie wünschte sich ein Kind und ich war nicht abgeneigt. Wir haben uns wirklich geliebt und ich denke schon, dass wir eine feste Beziehung geführt haben. So war der Kinderwunsch nicht nur ein Blitz-Gedanke, sondern schon ein Schritt in die weitere gemeinsame Zukunft für uns.

Wir überlegten, wie wir das mit dem Kinderwunsch angehen könnten, denn eine künstliche Befruchtung stand nicht zur Debatte. Damals war das ohnehin alles noch viel komplizierter in dieser Richtung, vor allem bei einem lesbischen Paar. Aufgrund meiner Vergangenheit hätten wir hier auch keine Genehmigung erhalten – abgesehen von den Kosten. Wir hätten uns eine künstliche Befruchtung gar nicht leisten können.

Wir kamen also zu dem Entschluss, dass ein Kinderwunsch nur auf „natürlichem" Weg erfolgen kann. Wir, das heißt meine damalige Freundin, musste sich also auf einen Mann einlassen, um schwanger werden zu können. Sie wollte das Kind unbedingt, also war es ihre Aufgabe, mit einem Mann zu schlafen.

„One-Night-Stand mit Folgen"

Allerdings war da auch das Gefühl des „Fremdgehens", auch wenn es „nur" ein Mann ist. Somit haben wir abgesprochen, das auch ich mir einen Mann suche, damit die eine der anderen keinen Vorwurf machen kann. Bekloppt? Mit Sicherheit, aber in der Liebe tickt man anders.

Eines Abends, als wir aus waren, hatten wir beide einen One-Night-Stand mit je einem Mann. Das war so verabredet und es war auch okay. Für uns beide war klar, dass es eine mehr oder weniger einmalige Erfahrung war. Wir stehen nun mal beide auf Frauen und deswegen ist das für uns keine Wiederholung wert.

Aber es kam, wie es kommen musste: meine Freundin, die ein Kind austragen wollte, wurde nicht schwanger. Ich, die gar kein eigenes Kind wollte, dagegen schon.

Die Verzweiflung meiner Partnerin, schwanger zu werden und die Intensität, mit der sie sich darauf konzentrierte, belastete unsere Beziehung enorm. Dass dann ausgerechnet ich schwanger wurde, war fast wie ein Todesstoß für unsere Beziehung.

Letztendlich war genau das der Punkt, an dem unsere Beziehung schließlich zerbrach. Das, was ich hier in Kurzform beschreibe, hat sich tatsächlich über Monate zugetragen. Streit, Vorwürfe, Schweigen und wieder von vorn. Das Ganze war ziemlich zermürbend – bis wir uns schließlich trennten. Mir tat dieser Schritt in der Seele weh, aber was nicht zu retten ist, sollte man loslassen.

Ungewollte Schwangerschaft

„Als Frau, die auf Frauen
steht, hatte ich mich einmal
zu einem One-Night-Stand mit
einem Mann hinreißen lassen.
Ergebnis: ich wurde
schwanger"

2003
Nicht mehr alleine — für kurze Zeit

Ich zog also aus ihrer Wohnung aus und fand ein kleines Apparte-ment für mich, was ich mir leisten konnte. Hier hatte ich echt Glück gehabt, weil ich zum einen allein schwanger war, zum anderen keinen festen Job hatte. Das Amt hat mir zu dem Zeitpunkt die Miete gezahlt und der Vermieter war echt in Ordnung. Somit konnte ich mir mein eigenes Reich leisten.

Meinen Sohn Marcel brachte ich am 28.04.2003 zur Welt und war von dem Moment an für einige Jahre eine alleinerziehende Mutter.

In dieser Zeit reduzierte ich meinen Drogenkonsum erheblich. Zwar hörte ich nie ganz auf, aber ich konsumierte nur so viel, dass ich stets klar im Kopf blieb. Heroin nahm ich zu dieser Zeit nicht mehr, manchmal rauchte ich etwas Crack oder kiffte. Aber jetzt hatte ich Verantwortung und wollte immer bei vollem Bewusst-sein sein.

Ich bin überzeugt, dass Marcel in einer liebevollen und sicheren Umgebung aufgewachsen ist. Du magst vielleicht Zweifel haben, aber ich kann mit Stolz sagen, dass es ihm an nichts gefehlt hat.

Finanziell ging es uns damals recht gut, wir kamen über die Runden. Ich hatte eine bezahlbare Wohnung und nahm an

Maßnahmen des Arbeitsamtes teil, wie zum Beispiel einer Zusammenarbeit mit dem Hausmeister der Frankfurter Uni-Klinik.

Die Jahre mit Marcel waren eine wunderbare Zeit. Ich habe alles für ihn getan, wir sind in Freizeitparks und Zoos gefahren und waren oft auf dem Spielplatz. Ich habe diese Zeit wirklich genossen. Marcel hatte all meine Liebe und Aufmerksamkeit, auch wenn es schwer vorstellbar sein mag.

Schwangerschaft, Kind und Drogen

„In diesem Video erzähle ich,
wie die Schwangerschaft war
und dass ich (reduziert)
Drogen genommen habe. Sehr
reduziert, aber ganz aufhören
konnte ich nie"

Mit zweieinhalb Jahren kam Marcel in den Kindergarten, der direkt neben unserer Wohnung lag. Wir hatten Glück, dass ein Platz frei wurde.

Als Marcel vormittags im Kindergarten war, machte ich den Fehler und fing wieder an, mehr Drogen zu nehmen. Mit ihm außer Haus hatte ich wieder mehr Zeit dafür.

Ich hatte es schon einige Male erwähnt, aber wenn Du auf Drogen bist, denkst Du nicht rational. Du sagst Dir, dass Dein Kind im Kindergarten gut aufgehoben ist und in der Zeit kannst Du Dir „etwas gönnen".

Um die Drogen zu finanzieren, habe ich begonnen, wieder zu verkaufen. Mein Drogenkonsum und   -verkauf führte in der Folgezeit zu mehreren Anzeigen, die auch dem Jugendamt gemeldet wurden. Das führte zwangsläufig zu Besuchen vom Ordnungsamt und zu Verwarnungen, die ich alle in den Wind schlug.

Kind,
Alltag & Drogen

„Wie ich den Alltag mit Kind
und Drogen miteinander in
„Einklang" gebracht habe,
erzähle ich hier. Nachbarn,
die aufpassen oder ein kurzer
Weg zum Drogenkauf sind nur
zwei Beispiele. Bis zu dem
Tag, als man mir meinen Sohn
wegnahm"

Die Krönung kam, als ich beim Drogenverkauf erwischt wurde und in Handschellen aufs Revier abgeführt wurde. Marcel war zu dem Zeitpunkt sieben Jahre alt und in der ersten Klasse in der Schule. Ich saß im Verhörraum und war ziemlich nervös. Als der Polizist fragte, was los sei, antwortete ich: „Ich muss meinen Sohn von der Schule abholen. Also macht mir bitte die Handschellen los und lasst mich gehen."

Die Reaktion war völlig verblüffend: „Wie, Du hast einen Sohn?". Ja, man hat mich dann losgemacht und gehen lassen. Den Vorgang hat man dann unverzüglich an das Jugendamt gemeldet.

„Das Jugendamt holte meinen Sohn ab"

Eines Vormittags, als ich im Bahnhofsviertel Drogen verkaufte und Marcel in der Schule war, rief das Jugendamt an und teilte mir mit, dass sie Marcel aus der Schule geholt hatten. Mir wurde mit sofortiger Wirkung das Sorge- und Erziehungsrecht entzogen.

Ich stand da, unfähig zu sprechen, meine Knie wurden weich und ich war kurz davor zusammenzubrechen. Eine Situation, die ich nie vergessen werde, als hätte man mir das Herz herausgerissen. Diese Gefühle sind kaum in Worte zu fassen.

Handschellen und
der Sohn in der Schule

„Die Situation, als man mich
in Handschellen auf dem
Revier festhielt, beschreibe
ich in diesem Interview. Man
hat mich tatsächlich laufen
lassen, aber die Info ging
natürlich mit fatalen Folgen
an das Jugendamt"

„Selbst schuld", wirst du jetzt sicherlich denken. Ja, das stimmt und ich gebe dir Recht. Aber das ändert nichts an der Tatsache, dass ich in diesem Moment emotional am Boden zerstört war.

Letztendlich wurde mir mein Sohn aufgrund meines Drogenkonsums weggenommen.

Mein Sohn
wird mir weggenommen

„Eine der emotionalsten
Momente gebe ich hier wieder.
Man hat mir meinen Sohn
weggenommen. Meine Reaktion
und mein Wirken und Empfinden
danach erzähle ich hier"

EXKURS
Was mit meinem Sohn passierte

Marcel wurde damals vom Jugendamt aus der Schule geholt und in eine Notunterkunft für Kinder gebracht, bevor er zu Pflegeeltern kam. Ob er in einer oder mehreren Pflegefamilien lebte, kann ich heute nicht genau sagen. Er wuchs in einer Pflegefamilie auf, die auch andere Pflegekinder betreute.

Seit ungefähr drei Jahren, also seit 2020, kurz bevor ich Frankfurt verließ und in meine neue Heimat zog, habe ich wieder Kontakt zu Marcel. Wir schreiben uns und telefonieren miteinander. Der Kontakt ist zwar nicht sehr eng, aber dafür regelmäßig.

Für beinahe 12 Jahre hatte ich keinen Kontakt zu meinem Sohn. Das Gericht hatte mir dies untersagt; es lag eine einstweilige Verfügung vor. Mir wurde damals auch das Sorgerecht entzogen. Ich habe nicht dagegen angekämpft, einfach weil mir die Kraft und die Mittel dazu fehlten. Meine Versuche, über das Jugendamt Informationen über Marcel zu erhalten, waren erfolglos. So blieb ich über diesen langen Zeitraum ohne jeglichen Kontakt zu meinem Sohn.

Statement
zum Sohn

„Mein Kontakt heute zu meinem
Sohn ist seit einigen Jahren
vorhanden. Man könnte sagen,
eher „locker" und nicht
fixiert. Wir schreiben, wir
telefonieren, aber wir haben
uns bisher noch nicht
gesehen. Meinen Eindruck
hierzu gebe ich in diesem
Video"

2010-2013
Der komplette Absturz

Dass mir mein Sohn weggenommen wurde, raubte mir jeglichen klaren Gedanken. Meine Willenskraft war wie ausgelöscht und das führte zu meinem endgültigen Absturz. Ich konnte mich nicht mehr halten.

Ab dem Tag, als mein Sohn mir genommen wurde, betrat ich nie wieder meine Wohnung. Ich blieb stattdessen im Bahnhofsviertel. Zu jener Zeit sank ich auf den tiefsten Punkt meines Lebens – tiefer konnte es nicht mehr gehen.

Das Leben auf der Straße, lieber Leser, ist so viel schlimmer, als man es sich vorstellen kann. Weit schlimmer als alles, was im Fernsehen gezeigt wird oder was man so hört. Man muss eine unglaubliche Vorstellungskraft haben, um auch nur ansatzweise zu verstehen, was das Leben – oder eher das Überleben – auf der Straße bedeutet. Es ist wirklich hart.

Ich fand mich wieder in verlassenen Häusern, schlief in Parks oder am Ufer des Mains. Zwischendurch griff ich immer wieder zu Drogen und Alkohol, verstrickte mich in Beschaffungskriminalität und fand mich in einem endlosen Kreislauf wieder.

Bei annehmbarem Wetter suchte ich mir Parkbänke, auf denen ich geschlafen habe, zugedeckt mit einer billigen Decke oder einfach nur mit meiner Jacke. Viel mitbekommen habe ich dabei nicht, weil ich ständig unter Drogen stand. Wenn es geregnet hat, habe ich mir Platz unter Brücken, in Hauseingängen oder anderen überdachten Plätzen gesucht.

Natürlich dauerte es nicht lange, bis ich erneut aufgegriffen wurde. Ich war nicht gerade die geschickteste Person bei meinen kriminellen Aktivitäten. Eine Strafanzeige reihte sich an die Nächste und schließlich wurde wieder ein Haftbefehl ausgestellt und ich verhaftet.

Der Ablauf war ähnlich wie beim ersten Mal, nur dass die Gerichtsverhandlung dieses Mal recht kurz war. Ich war ja bereits bekannt. Nach der Verhaftung verbrachte ich die Nacht auf dem Polizeipräsidium und wurde am nächsten Morgen dem Haftrichter vorgeführt.

Dort saß ich dann in einer Zelle im Gerichtsgebäude, wartete auf meine Verhandlung und es schien eine Ewigkeit zu dauern. Es war wie am Fließband: viele vor mir, viele nach mir. Ich wartete endlos lange und tausende Gedanken schwirrten mir durch den Kopf. Ich kann mich heute nicht erinnern, wie viele Stunden ich dort verbracht habe. Ohne etwas zur Beschäftigung, kein Buch oder Handy, zog sich die Zeit ins Unendliche.

Als ich dann vor den Haftrichter trat, sprach er routiniert sein Urteil aus. Er redete und redete, las vor und sprach weiter. Ich aber nahm kaum etwas wahr. Fast alles ging an mir vorbei. Irgendwie war mir auch alles egal. Und dann verkündete der

Richter das Strafmaß: 3 Jahre Haft ohne Bewährung! Plötzlich war ich hellwach. Was für ein Schock!

„3 Jahre Haft ohne Bewährung!"

Sofort schossen mir die zwei Jahre, die ich bereits im Gefängnis verbracht hatte, durch den Kopf.

Nach der Verkündung wurde ich wieder in die Zelle im Gerichtsgebäude gebracht, wo erneut das lange Warten begann, bis die Wärter der JVA mich abholten.

Dann begann alles wieder von vorn: die Aufnahme in die JVA, der Aufenthalt auf der Krankenstation zur Entgiftung, gefolgt von der Verlegung auf eine andere Station und in meine Zelle. Wieder war Warten an der Tagesordnung: Warten auf die Arbeitszuteilung, auf Aufschluss und Einschluss, auf jede kleine Abwechslung. Irgendwann begann ich auch bei meiner zweiten Haftstrafe eine Arbeit, um Geld zu verdienen. Meine erste Tätigkeit in der JVA war, als Hausmädchen zu arbeiten. Ich reinigte die Station, die Gemeinschaftsküche, die Gemeinschaftsduschen, den gesamten Flur und natürlich auch täglich meine Zelle. Zu meinen Pflichten gehörte auch das Waschen der privaten Kleidung, nicht jedoch der Anstaltskleidung, die wir wöchentlich zum Wechseln bekamen. Nach einiger Zeit wechselte ich in die Waschküche, um dort zu arbeiten. Das war deutlich angenehmer. Doch als

Hausmädchen hatte man auch Vorteile: man war den ganzen Tag „draußen", also nicht in der Zelle eingeschlossen. Morgens holte ich das Frühstück, danach begann das Putzen. Nach dem Mittagessen brachte ich das Essen zu den Gefangenen, die nicht in die Kantine gehen konnten, etwa weil sie nicht laufen konnten, krankgeschrieben waren, im Bunker oder in der Schlichtzelle saßen.

In dieser Zeit ging es mir allerdings mental nicht wirklich gut. Ich war ziemlich labil und vor allem aggressiv. Mein Aggressionspotential war dermaßen hoch, dass kleine Vorkommnisse ausreichten, um mich zum Ausrasten zu bringen. Das ließ auch mit der Zeit nicht nach.

Eskaliert ist dann eine Situation, als ich zwei Jahre meiner Haftstrafe abgesessen hatte. Ich wurde von einem Mädel in der JVA ziemlich gestalkt, sie wollte etwas von mir und hat mich einfach nicht in Ruhe gelassen. Jegliche Zurückweisung meinerseits hat sie nur angespornt weiterzumachen. Das ging so weit, dass ich schon fast nicht mehr alleine auf die Toilette gehen konnte. Das ging über einen längeren Zeitraum. Gespräche nützten genauso wenig wie Drohungen.

Irgendwann reichte es mir. Ich hatte nur noch im Kopf „die musst Du loswerden, sonst hast Du nie Deine Ruhe" und bei einem Hofgang habe ich versucht, sie abzustechen. Aus heutiger Sicht unvorstellbar für mich, damals war ich so. Aufgestachelt von den anderen Insassinnen, dazu mein Aggressionsstau, kam es zu dieser hirnrissigen Situation. Ich möchte nichts beschönigen, vor allem nicht entschuldigen, lediglich beschreiben.

Wie dem auch sei, bevor ich aktiv werden konnte, wurde ich von den Beamten überwältigt. Wahrscheinlich wurde ich im Vorfeld von anderen Insassinnen verraten. Zwei Tage später wurde ich nach Würzburg sicherheitsverlegt, wo ich meine Reststrafe von einem Jahr verbrachte. Das war auch der Grund, warum ich die volle Strafe abgesessen und keine Bewährung bekommen habe.

Das Gefängnis in Würzburg ist mit dem vorherigen nicht zu vergleichen. Die Regeln und die Sicherheitsauflagen waren strenger. Ich durfte aus Sicherheitsgründen dort nicht arbeiten.

2013
Zweite Entlassung

Nach meiner zweiten Haftstrafe verbrachte ich wieder ein Jahr auf der Straße. In dieser Zeit hatte ich kurz Kontakt zu meiner mittleren Schwester, die in Hanau lebte. Direkt nach meiner Entlassung konnte ich einige Tage bei ihr wohnen.

Das war alles andere als einfach, da ich ja abhängig war. Ich hatte heimlich konsumiert, aber das kam natürlich raus. Meine Schwester hat wirklich versucht mir zu helfen, aber wenn Du als Süchtige nicht einen starken Willen hast, nimmst Du keine Hilfe an.

Irgendwann war der Suchtdruck so stark, dass ich wieder zurück auf die Straße bin. Die Heimlichtuerei war ich leid, auch die Enge der Räume, die Vorhaltungen, einfach alles.

Auf der Straße war ich dann ein paar Wochen. So richtig wohl gefühlt habe ich mich dort aber nicht mehr. Das lag wahrscheinlich auch daran, das ich im Frankfurter Bahnhofsviertel zu dem Zeitpunkt eine der wenigen war, die keine harten Drogen genommen hat. Tatsächlich habe ich seit meiner zweiten Knast-Entlassung nur Alkohol zu mir genommen und Joints geraucht.

Da ich nicht mehr meine Zeit auf der Straße verbringen wollte, bin ich wieder zurück zu meiner Schwester und habe bei ihr einige Tage verbracht.

Dort lernte ich zufällig über Facebook meine jetzige Freundin kennen, die 300 km entfernt im ostwestfälischen Detmold lebte. Wir haben uns häufig geschrieben und auch telefoniert. Wir haben viele Gespräche geführt und so viel Zeit miteinander verbracht.

Nach langer Zeit fühlte ich mich wieder bei einer Person aufgehoben und ich hatte das Gefühl, gemocht zu werden. Nicht, dass man mir aus Mitleid hilft oder aus irgendeinem verbundenen Pflichtgefühl. Das war ein Gefühl, ähnlich wie bei meiner letzten Partnerin, das ich lange vermisst habe.

Im Dezember 2013 besuchte ich sie das erste Mal, um sie besser kennenzulernen. Meine Schwester war so nett, mich von Hanau nach Kassel zu fahren. Meine Facebook-Bekanntschaft kam mit dem Auto nach Kassel und hat mich dort abgeholt. Wenn man eine Person, mit der man häufig geschrieben und telefoniert hat, zu erstem Mal „live" sieht", kann man schon nervös werden. Das war ich auch, sehr sogar.

12/2013 - 09/2016
Ein neuer
Lebensabschnitt beginnt

Eigentlich war geplant nur einige Tage in Detmold zu bleiben. Diese „paar Tage" wurden schließlich zu 3,5 Jahren. Meine Freundin und ich hatten getrennte Wohnungen. Ich selbst habe im Mutterhaus von der Diakonie gewohnt, meine Freundin hatte ihre eigene Wohnung.

„Du kannst clean sein, aber gleichzeitig süchtig"

Für mich begann ein neuer Lebensabschnitt. Irgendwie war ich überzeugt, das ich es geschafft habe: neue Gegend und raus aus Frankfurt, Freundin, eine Bleibe und bald auch einen Job. Was sollte mir passieren?

Heute weiß ich, dass ich damals innerlich noch nicht so stabil war, wie ich es hätte sein sollen. Das ist das Tückische an der Sucht: Man kann clean sein, bleibt aber süchtig. Alleine kommt man da nicht raus; es bedarf externer, psychologischer Hilfe. Diese wurde mir damals nicht angeboten und ich suchte sie auch nicht aktiv. Ich dachte, ich sei clean – wozu also einen Psychologen?

Ein fataler Irrtum, wie sich noch herausstellen sollte.

Mein erster Job
nach vielen Jahren

Ich hatte vom Gericht noch eine Menge Sozialstunden aufgebrummt bekommen, die ich abzuleisten hatte. Die konnte ich in einem Seniorenzentrum in Detmold abarbeiten. Ich wollte ja endlich wieder auf die Füße kommen. Also musste ich im ersten Schritt meine Altlasten loswerden, und das waren u. a. die Sozialstunden. Hiermit habe ich Anfang 2014 begonnen. Nach Ableistung der Sozialstunden hat man mich aufgrund meiner guten Sozialprognose in ein festes Arbeitsverhältnis übernommen. Ich hatte also nach langer Zeit endlich wieder einen richtigen, festen Job. Ich habe zunächst in der Reinigung gearbeitet und wechselte später in die Hauswirtschaft. Das Positive war, dass das Seniorenzentrum meine Vorgeschichte zum Teil kannte. Somit war das Führungszeugnis kein Thema. Bei späteren Jobs (ab 2021) wurde mir genau das immer zum Verhängnis und machte es mir schwer (bis unmöglich), wieder vernünftig Fuß zu fassen.

Im Seniorenzentrum musste irgendwann, das muss Ende 2015 oder Anfang 2016 gewesen sein, ein junger Mann ebenfalls seine Sozialstunden ableisten. In den Pausen „nutzte" er die Zeit manchmal, um im Garten, in dem die Senioren spazieren gehen, einen Joint zu rauchen. Ich hatte das bemerkt und ihn anfangs sogar gebeten, es zu unterlassen. Ich kannte mich selbst, wusste, wie anfällig ich bin. Er lachte nur darüber.

Einige Tage später traf ich ihn nach der Arbeit wieder und er kiffte erneut. Diesmal war ich nicht mehr so standhaft.

„Ich konnte nicht widerstehen"

Ich kaufte ihm Dope ab, um selbst wieder zu kiffen, und so fand ich erneut Gefallen daran. Ich kann den Grund, warum ich wieder angefangen habe, nicht im Ansatz beschreiben. Ich wurde einfach „gierig" auf das Zeug und in dem Moment empfindest Du es als tolle Idee. Man schaltet einfach sein Gehirn aus. Vielleicht denkt man auch „einmal ist keinmal" oder „ich habe das unter Kontrolle".

Die meisten Leute haben das schon mal erlebt, wenn man mal auf einer Party war und die ersten paar Bier oder andere Drinks nimmt. Natürlich schmecken sie und heben die Stimmung. Irgendwann jedoch ist das nächste Glas zu viel. Eigentlich hat man keinen Durst mehr und die Stimmung kann zwangsläufig nicht besser werden. Man glaubt aber, dass es so ist und man macht weiter. Am nächsten Tag wacht man mit einem Kater auf und denkt sich nur „Warum habe ich gestern so viel getrunken?".

Und genau dieses eine „Glas zu viel", dieser kleine Moment, wo das Ganze von Geselligkeit zu Kontrollverlust kippt, beschreibt vielleicht im Ansatz die „Gier", die ein Süchtiger in dem Moment verspürt. Das Gehirn wird ausgeschaltet und schon ist es zu spät.

Versteh mich nicht falsch lieber Leser, ich will das nicht rechtfertigen, ganz im Gegenteil. Ich versuche lediglich das Gefühl der Sucht wiederzugeben, damit Du Dir im Ansatz vorstellen kannst, was in einem süchtigen Kopf vorgeht.

Wie gesagt, anfangs kaufte ich das Gras von dem Typen für den Eigenverbrauch. Das reichte mir aber irgendwann nicht mehr und ich bat ihn, mich seinem Dealer vorzustellen.

Dann begann der gleiche Kreislauf von Neuem: Ich fing wieder an regelmäßig zu kiffen und nahm Speed. Mein Konsum steigerte sich schnell und um meine Sucht zu finanzieren, begann ich, in Detmold Drogen zu verkaufen.

„Job weg und Beziehung in die Brüche"

Ähnlich wie damals bei meinem Job im Sicherheitsdienst in Frankfurt verlor ich auch hier meine Arbeit. Ich ging einfach nicht mehr hin und es dauerte nicht lange, bis die Kündigung ins Haus flatterte.

Es war nur eine Frage der Zeit, bis aufgrund des Drogenkonsums, meine Beziehung in die Brüche ging. Die Streitereien wurden häufiger, meine Einsicht immer geringer. Irgendwann lebten wir uns mehr oder weniger auseinander. Wir hatten ja auch getrennte Wohnungen. Dadurch hat man sich nicht mehr so häufig gemeldet. Man sah sich also seltener und wenn wir uns trafen, gab es Streit.

Drei Jahre ging die Beziehung gut und mit neuem Beginn der Drogen ging sie bergab. Auch meine Freundin hat versucht (wie einige Jahre zuvor meine Schwester) mir zu helfen. Ich war aber in dieser Situation nicht in der Lage, die Hilfe, die ich dringend nötig hatte, anzunehmen, geschweige denn zuzulassen.

Das ging dann so weit, dass ich irgendwann wieder in dem ganzen Drogensumpf drin war. Etwas in mir schaltete um und innerhalb eines Tages räumte ich meine Wohnung im Mutterhaus und kehrte, beinahe fluchtartig (und ohne mich bei meiner Freundin zu verabschieden), nach Frankfurt zurück.

Exkurs:
Statement meiner Freundin über mein Verhalten und die plötzliche Flucht aus Detmold

Ich habe Caro als netten, zuverlässigen und immer humorvollen Menschen kennengelernt. In diese Caro habe ich mich auch 2013 verliebt.

Anfangs habe ich es gar nicht mitbekommen, dass Caro wieder angefangen hat zu kiffen. Wir haben nicht zusammengewohnt und uns auch nicht jeden Tag gesehen. In den Zeiten, wo sie wieder gekifft hat, hatten wir keinen Kontakt, an den anderen Tagen schon. Von daher konnte Caro ihren Rückfall zunächst gut vor mir verbergen.

Aber irgendwann veränderte sie sich vom Wesen her. Caro wurde streckenweise nervöser, reagierte zunehmend gereizt auf Kleinigkeiten und wurde unzuverlässiger. Termine wurden vergessen, Anrufe seltener. Sie wurde immer verschlossener und bei kleinen Nachfragen gab es immer häufiger Streit.

Das war der Zeitpunkt, wo ich darüber nachgedacht habe, dass sie rückfällig geworden sein könnte. Natürlich möchte man es nicht wahrhaben, aber im tiefsten Inneren weiß man es.

Von jetzt auf gleich hat Caro ohne große Vorwarnung die Beziehung beendet. Sie wäre wieder rückfällig geworden und unter diesen Umständen könne sie eine Beziehung nicht fortführen.

Ich habe versucht, ihr zu helfen, sie zu halten und auch die Beziehung wieder aufzunehmen. Caro hat sich allerdings komplett gesperrt und auch keine Hilfe angenommen. „Ich schaffe das auch allein", war ihr einziges Statement.

Mit einem Mal war sie weg. Sie hat sich nicht verabschiedet, hat keine Nachricht hinterlassen, nichts. Ich habe erst einige Zeit später erfahren, dass sie zurück nach Frankfurt ist. Von da an wusste ich, dass ich sie endgültig verloren habe und sie den Kampf gegen die Drogen nicht alleine schafft.

Ich habe lange Zeit damit zu kämpfen gehabt. Immer wieder habe ich mich gefragt, wie es dazu kommen konnte, ob ich etwas anders hätte machen können oder ob es Probleme in der Beziehung gab. Aber Letzteres war nicht der Fall. Unsere Beziehung war harmonisch, wir haben uns immer gut verstanden und – bis auf die letzte Zeit – keinen Streit gehabt. Für mich war das Ganze damals völlig unverständlich.

Heute glaube ich, ist es schwer, einen Drogensüchtigen zu verstehen, wenn man (so wie ich) nie in seinem Leben Drogen genommen hat. Ich habe noch nicht mal eine Zigarette geraucht. Von daher ist es schwierig für mich nachzuvollziehen, wie ein Drogensüchtiger denkt.

2016 - 2017
Zurück auf den Straßen Frankfurts

Von Oktober 2016 bis Dezember 2017 lebte ich dann wieder auf den Straßen Frankfurts. Ich war wieder obdachlos und verbrachte meine Zeit im Frankfurter Bahnhofsviertel. Wie viele Jahre zuvor war das mein gewohntes Zuhause. Hier hatte ich „Freunde". Leute, die mich verstanden und mich akzeptierten, wie ich war. Ohne mir Vorwürfe zu machen oder zu versuchen, mich zu verbiegen.

Aus heutiger Sicht weiß ich, dass das eine völlig bescheuerte, verbogene Ansicht auf die Realität war. Aber versuch mal, im Kopf, der permanent unter Rausch steht, klar und vor allem real zu denken – keine Chance!

Der Kreislauf, den ich dort durchlebte, war genauso wie in den vorherigen Fällen: ständiger Konsum von Drogen und Alkohol, Beschaffungskriminalität wie Diebstahl, Raub und Hehlerei – alles nur, um Geld für weitere Drogen zu bekommen.

Warum Drogen

„Hier versuche ich zu
beschreiben, warum ich
überhaupt auf die Idee
gekommen bin, permanent
Drogen zu nehmen"

Eine kurze Karriere als Fotomodel

2017 habe ich Ulrich[3] kennengelernt. Ulrich ist Journalist und Fotograf. Er veranstaltet Touren und Foto-Workshops über das Frankfurter Bahnhofsviertel. Ich fand das toll, weil er einer der wenigen Personen ist, der die Öffentlichkeit auf uns aufmerksam macht. Es lohnt sich wirklich einmal, eine Tour bei ihm mitzumachen. Wer sich für seine Arbeit interessiert, kann im nachfolgenden QR-Code ein ZDF-Portrait von ihm sehen. Die obige Überschrift ist natürlich ironisch gemeint, obwohl mir die Fotosession schon gefallen hat.

Ende 2017 veröffentlichte Ulrich im Rahmen der Ausstellung „Lost Christmas – Weihnachtswünsche aus der Elbestraße" Portraits von uns, um ein größeres Verständnis für Drogensüchtige als schwer Erkrankte zu schaffen. Die Bilder erschienen in Medien wie der FAZ oder BILD, mit dem Ziel, auf die schwierige Lage der Drogenabhängigen im Bahnhofsviertel aufmerksam zu machen. Ulrich hat auch mich fotografiert (siehe nächste Seite) und mir das Bild – Jahre später – kostenlos überlassen. Dafür bin ich ihm sehr dankbar, ebenso wie für die gelegentlichen finanziellen Zuwendungen, die er uns damals hat zukommen lassen.

Wer sich für die anderen Bilder interessieren sollte, kann den folgenden QR-Code scannen. Dadurch gelangt man auf Ulrichs

---

[3]Anmerkung: Ulrich Mattner, www.umattner.de

Seite mit beeindruckenden Schwarz-Weiß-Aufnahmen. Vielleicht erkennt man sogar das eine oder andere Gesicht aus Fernsehsendungen wie „Hartz aber herzlich", „Hartes Deutschland – Leben im Brennpunkt", „Stern-TV" (in denen ich auch schon aufgetreten bin) oder verschiedenen Dokumentationen über Drogensüchtige, in denen sie immer wieder zu sehen sind.

Foto: Leider eins der wenigen Bilder aus der Zeit: hier bin ich Ende 2017 im Frankfurter Bahnhofsviertel. Eine vermeintlich glückliche Caro – doch der Schein trügt.

Ulrich Mattner

„Wer sich mehr für die Arbeit
von Ulrich interessiert, kann
im Video ein ZDF-Portrait von
ihm sehen. Ich finde es sehr
interessant."

„Hier geht es zur
Ausstellung von Ulrich.
Ich finde, es sind sehr
gelungene Aufnahmen
geworden."

„Hier findet ihr
Ladies-Night-Touren im
Bahnhofsviertel
von ZDFheute"

12/2017 - 06/2019
Meine dritte
und letzte Haftstrafe

Im Dezember 2017 war es wieder so weit: ich wurde erneut aufgegriffen und zum dritten Mal verhaftet.

„Drei Tage vor Weihnachten 2017 klicken die Handschellen"

Das Urteil lautete auf zwei Jahre Haft für die gleichen Delikte, für die ich bereits zuvor verurteilt worden war: Diebstahl, Raub und Gewalt.

Ich nahm mir fest vor, dass dies meine letzte Haftstrafe sein würde.

Nach meiner dritten Entlassung begann jedoch alles wieder von vorne. Die ersten Tage verbrachte ich mit meinen Sachen in einem Hotel, doch bald wurde das Geld knapp und ich landete erneut auf der Straße. Diese Zeit sollte ca. vier Monate dauern. Wie selbstverständlich griff ich wieder zu Drogen und verbrachte die meiste Zeit im Frankfurter Bahnhofsviertel, wo ich meine „Freunde" hatte. Ich wusste nicht, wohin ich sonst gehen sollte. Ich war wieder jeden Tag unterwegs und konsumierte. Der Ablauf war ähnlich den in den vorangegangenen Zeiten.

Zu diesem Zeitpunkt zeichnete es sich ab, das ich so enden würde wie 95% aller Crack- und Heroin-Junkies: irgendwann stirbst Du an einer Überdosis. Dass es bei mir eine andere Wendung nimmt, allerdings erst noch einmal viel schlimmer kommen muss, hätte ich in dieser Zeit nicht gedacht.

8 Jahre
Gefängnis

„Insgesamt war ich fast acht
Jahre im Gefängnis. Einmal
zwei, einmal drei und noch
einmal zwei Jahre. Hier gebe
ich eine Kurzzusammenfassung
zu den Gründen und zu den
Zeiten"

Das Schlimmste, was Dir als Frau passieren kann

Und dann geschah das, was ich all die Jahre befürchtet hatte und was mir bis dahin erspart geblieben war. Trotz aller Warnungen, die ich ignoriert hatte und trotz der Vorsicht, die ich irgendwann aufgegeben hatte – es war reines Glück, dass es mir so lange nicht passiert war.

Der 31. Oktober 2019, ein Datum, das sich unauslöschlich in mein Gedächtnis gebrannt hat: An diesem Tag wurde ich im Frankfurter Bahnhofsviertel vergewaltigt.

„Das passiert doch nur den anderen"

Bis zu diesem Zeitpunkt dachte ich, ich hätte bereits alles erlebt: Drogen, Gefängnis, Schlägereien, Demütigungen, die Wegnahme meines Sohnes und so vieles mehr. Aber dass es jemals so schlimm werden würde, hätte ich mir nie vorstellen können.

Man denkt oft, so etwas trifft immer nur die anderen, niemals einen selbst. Wenn ich überhaupt über das Thema nachdachte, was selten geschah, hielt ich mich für so stark, dass ich überzeugt war, ich könnte alles verkraften.

Doch dann geschah es. Und plötzlich war nichts mehr, wie es vorher war. Ich schämte mich zutiefst, war am Boden zerstört und fühlte mich vollkommen hilflos.

Was war geschehen? Wir waren in der ehemaligen Pizzeria in der Elbestraße, die mittlerweile eine Kneipe war. Wir tranken mit einigen Leuten und spielten an den Automaten. Irgendwann ging ich zur Toilette. Plötzlich stürmte jemand herein, stieß die Tür auf und fiel über mich her. Ein anderer stand draußen Schmiere. Ich hatte keine Chance, mich zu wehren.

Foto: Hier ist es passiert. Damals war in diesem Laden eine kleine Kneipe gewesen.

Die Vergewaltigung

„Hier beschreibe ich den
Vorfall im Interview. Es
fällt mir wirklich schwer,
darüber zu reden — zumal man
die Zeit von damals
weitestgehend verdrängt hat"

Nach dem Vorfall bin ich nur noch raus aus der Kneipe. Ich lief zum Bahnhof und fand dort einen Krankenwagen und ein Polizeiauto. Ich wandte mich an die Sanitäter, weil ich mich geschämt hatte, mit der Polizei zu sprechen. Die Sanitäter haben mich allerdings direkt an die Polizei verwiesen. Also habe ich den beiden erzählt, was mir widerfahren ist. Sie brachten mich im Anschluss in die Uni-Klinik, wo ich untersucht wurde. Es wurden Fotos gemacht, Protokolle geführt und unzählige Fragen gestellt. Nach gefühlten ewigen Stunden hat mich die Polizei zurück zum Bahnhof gefahren, wo sie mich rausgelassen haben.

Erst einige Stunden später realisierte ich vollständig, was mir passiert ist. Nach und nach erfasste ich das ganze Ausmaß. Was für ein Leben führte ich überhaupt? Die Welt hatte mich fallen gelassen und zum Schluss erlitt ich die größtmögliche Demütigung, die ein Mensch erfahren kann. Ich wollte einfach nicht mehr.

„Ich habe beschlossen, meinem Leben ein Ende zu setzen"

In einem Zustand völliger Verwirrung und Chaos in meinen Gedanken ging ich zum Hauptbahnhof, sprang auf die Gleise und lief auf den einfahrenden ICE zu. Aber der Zug fuhr bereits so langsam, dass er mit einer Vollbremsung direkt vor mir zum Stillstand kam. Sogar beim Versuch mich umzubringen, fühlte ich mich gescheitert. Selbst das gelang mir nicht.

Der Suizidversuch

„In diesem Interview berichte
ich von meinem Suizidversuch
direkt nach der
Vergewaltigung.
Ich beschreibe den Vorfall,
was in mir vorgegangen ist
und wie ich von den Schienen
geholt wurde"

Als die Bundespolizei mich von den Schienen holte und einen Krankenwagen rief, wurde ich direkt in die Psychiatrie in Frankfurt eingewiesen. Das ist der normale Ablauf, wenn man suizidal ist.

Rückblickend war es das Beste, was mir passieren konnte. Dort verbrachte ich die nächsten fünf Monate. Hier wurde ich unter anderem wegen meiner Depressionen behandelt. Ferner leide ich, seitdem ich Anfang 20 bin, unter dem Borderline-Syndrom. Festgestellt wurde die Krankheit, als ich (noch vor der Schwangerschaft) das erste Mal in der Klinik zum Entgiften war. Als man bei mir die aufgeritzten Unterarme gesehen hat, wurden Tests gemacht und es wurde PDBS diagnostiziert: posttraumatische Persönlichkeitsstörung (Borderline, siehe auch nachfolgenden Exkurs zur Erläuterung). Auch zu dieser Krankheit erfolgten Behandlungen.

Besonders, weil ich über viele Jahre stark süchtig war und aufgrund der Vergewaltigung hat man sich mir besonders angenommen. Ich hatte eine richtig gute Betreuung. In der Klinik war eine sehr gute Atmosphäre mit einem tollen Ärzte- und Schwesternteam. Auch die Sozialarbeiterin und die Psychologin waren sehr einfühlsam. Mit den Personen habe ich über Monate sehr viele Gespräche geführt.

Ich hatte jeden Tag Behandlungen, wie Ergo- und Gesprächstherapie, sowohl Einzel- als auch Gruppenbehandlungen. Hier hatte ich das Gefühl, das Innere nach außen zu kehren und mich richtig öffnen zu können. In der Klinik fühlte ich mich richtig wohl. Auch hatte ich erstmals den Eindruck, dass man sich meiner psychischen Sucht annahm, nicht nur der körperlichen.

EXKURS
Borderline-Syndrom

Eine Borderline-Persönlichkeitsstörung ist durch ein durchdringendes Muster von Instabilität und Überempfindlichkeit in zwischenmenschlichen Beziehungen, die Instabilität des Selbstbildes, extreme Stimmungsschwankungen und Impulsivität charakterisiert.

Patienten mit einer Borderline-Persönlichkeitsstörung können es nicht ertragen, allein zu sein; sie machen verzweifelte Anstrengungen einen Beziehungsabbruch zu vermeiden und erzeugen Krisen, wie z. B. suizidale Gesten in einer Weise, die andere dazu bringt, sie zu retten und sich um sie zu kümmern.

Wenn Patienten mit Borderline-Persönlichkeitsstörung das Gefühl haben, dass sie aufgegeben oder vernachlässigt werden, fühlen sie intensive Angst oder Wut. Zum Beispiel können sie panisch oder wütend werden, wenn jemand, der ihnen wichtig ist, ein paar Minuten zu spät ist oder eine Verabredung absagt. Sie denken, dass diese Aufgabe bedeutet, dass sie schlecht sind. Sie haben teilweise Angst vor dem Verlassenwerden, weil sie nicht alleine sein wollen.

Diese Patienten neigen dazu, ihre Sicht auf andere abrupt und drastisch zu ändern. Sie können einen potentiellen Betreuer oder Liebhaber früh in der Beziehung idealisieren, verlangen viel Zeit miteinander zu verbringen und alles zu teilen. Plötzlich können sie das Gefühl haben, dass die Person sich nicht genug kümmert, und sie werden desillusioniert; dann können sie sich herabgesetzt fühlen oder sie werden wütend auf die Person. Diese Verschiebung von Idealisierung hin zur Abwertung spiegelt das Schwarz-Weiß-Denken wider (Splitting, Polarisation von Gutem und Schlechtem).

Patienten mit Borderline-Persönlichkeitsstörung können mit jemandem mitfühlen und sich um eine Person kümmern, aber nur dann, wenn sie das Gefühl haben, dass eine andere Person für sie da sein wird, wann immer erforderlich.

Patienten mit dieser Störung haben Schwierigkeiten, ihre Wut zu steuern und werden oft unangemessen und intensiv wütend. Sie können ihre Wut mit beißendem Sarkasmus, Bitterkeit oder wütenden Tiraden ausdrücken, oft gegen ihre Betreuer oder Liebhaber gerichtet, wegen Vernachlässigung oder Verlassenwerden. Nach dem Ausbruch, schämen sie sich oft und fühlen sich schuldig, was ihr Gefühl schlecht zu sein verstärkt. Patienten mit Borderline-Persönlichkeitsstörung können auch abrupt und dramatisch ihr Selbstbild ändern, was sich dadurch zeigt, dass sie plötzlich ihre Ziele, Werte, Meinungen, Karrieren oder Freunde ändern. Sie können in einer Minute bedürftig sein und in der nächsten rasend wütend darüber, schlecht behandelt zu werden. Obwohl sie sich in der Regel selbst als schlecht betrachten, fühlen sie manchmal, dass sie überhaupt nicht existieren— z. B. wenn sie niemanden haben, der sich um sie kümmert. Sie fühlen sich oft innerlich leer.

Die Veränderungen in der Stimmung (z. B. intensive Dysphorie, Reizbarkeit, Angst) dauern in der Regel nur ein paar Stunden und selten mehr als ein paar Tage; sie können die extreme Empfindlichkeit gegenüber zwischenmenschlichen Belastungen bei Patienten mit Borderline-Persönlichkeitsstörung reflektieren.

Patienten mit Borderline-Persönlichkeitsstörung sabotieren sich häufig selbst, wenn sie im Begriff sind, ein Ziel zu erreichen. Zum Beispiel können sie kurz vor dem Abschluss von der Schule fliegen, oder sie können eine vielversprechende Beziehung ruinieren.

Impulsivität, die zu Selbstverletzung führt, ist weit verbreitet. Diese Patienten können dem Glücksspiel nachgehen, unsicheren Sex betreiben, eine Esssucht haben, rücksichtslos fahren, Substanzen missbrauchen oder sich verausgaben. Suizidales Verhalten, Gesten und Drohungen und Selbstverstümmelung (z. B. Schneiden, Verbrennen) sind sehr häufig. Obwohl viele dieser selbstzerstörerischen Handlungen nicht zum Ziel haben, sich das Leben zu nehmen, ist das Suizidrisiko bei diesen Patienten 40-mal höher als bei der allgemeinen Bevölkerung. Etwa 8–10% dieser Patienten sterben durch Selbstmord.

Diese selbstzerstörerischen Handlungen werden in der Regel durch Ablehnung von, durch mögliches Verlassenwerden von oder Enttäuschung durch eine Betreuungsperson oder einen Liebhaber ausgelöst. Patienten können sich selbst verstümmeln, um zu kompensieren, dass es ihnen schlecht geht, um ihre

Fähigkeit, während einer dissoziativen Episode zu fühlen, zu bekräftigen oder um sich von schmerzhaften Gefühlen abzulenken.

Dissoziative Episoden, paranoide Gedanken und manchmal psychotisch-ähnliche Symptome (z. B. Halluzinationen, Beziehungsgsideen) können durch extremen Stress ausgelöst werden, in der Regel Angst vor dem Verlassenwerden, ob real oder imaginär. Diese Symptome sind vorübergehend und in der Regel nicht schwerwiegend genug, um als separate Erkrankung in Betracht gezogen zu werden.[4]

Ich hatte sehr viele Gesprächstherapien, als man bei mir die Krankheit festgestellt hatte: mit Ärzten, Psychiatern, Krankenschwestern etc. Es hat sich herauskristallisiert, dass Borderline bei mir durch den Missbrauch und die Gewalt in der Kindheit hervorgerufen wurde. Auch heute macht sich die Krankheit ab und zu noch bemerkbar. Wenn ich mal wieder einen Schub bekomme, habe ich Wutausbrüche, die ich leider nicht unter Kontrolle habe.

Ich werde wortmäßig aggressiv (dabei nicht gewalttätig), aber es fällt mir schwer, diese Gefühle in den Griff zu bekommen. Ich habe dann eine andere Wahrnehmung als z. B. meine Freundin. Weitere Anzeichen neben der Wut sind Anspannungen und ein sehr niedriges Selbstwertgefühl.

---

[4]Quelle: www.msdmanuals.com

Weiterführende Informationen

„Hier erfahrt Ihr weitere Informationen zum Thema Borderline"

Mein Streetworker besuchte mich oft. Wir führten viele Gespräche. Ich stimmte zu, eine gesetzliche Betreuerin zu bekommen, die sich um alles kümmerte, was ich selbst nicht mehr schaffte. Für ihre Unterstützung bin ich bis heute sehr dankbar. Ich war damals so lethargisch, dass ich nichts aus Eigenantrieb tat.

Meine Betreuerin regelte meine Bankangelegenheiten, bearbeitete meine Post, setzte sich mit dem Jobcenter in Verbindung und erledigte die vielen Kleinigkeiten, die mir selbst zu viel wurden.

In der Klinik bekam ich mit, dass die Kripo versucht hat, mich telefonisch zu erreichen. Man hatte den Vergewaltiger wohl festgenommen und noch einige Fragen an mich. Die Ärztin hatte allerdings Veto eingelegt, da ich nicht vernehmungsfähig war. Ein paar Tage später hat es die Polizei noch einige Male versucht. Aufgrund des Traumas und meiner Labilität (ich war anfangs in der Klinik noch sehr suizidal), kam eine Befragung nicht zustande. Ich kann somit aus heutiger Sicht nicht sagen, ob und wie der Vergewaltiger verurteilt wurde.

Nach den vier oder fünf Monaten Klinikaufenthalt hatte die Sozialarbeiterin einen Therapieplatz in Saarbrücken für mich gefunden.

Seit meiner letzten Entlassung aus der Haft hatte ich keine weiteren Probleme mit dem Gesetz, so konnte ich direkt mit der

Therapie beginnen. Mein Streetworker brachte mich nach Saarbrücken zur Drogentherapie, weit weg von Frankfurt. Das war eine ganz tolle Einrichtung. Hier war ich allerdings nur zwei Wochen, da eine coronabedingte Schließung bevorstand.

In diesen zwei Wochen hatten wir einen geregelten Ablauf. Um sicherzustellen, dass wir auch drogen- und alkoholfrei sind, mussten wir jeden Morgen um 07.00 Uhr eine Atem-Alkohol-kontrolle durchführen. Das wird mit einem Gerät gemacht, wie es die Polizei auch einsetzt. Wer nicht zur Kontrolle erschienen ist, dem wurden verschiedene Arten von Sanktionen ausgesetzt (z. B. Ausgangssperre). Ich war reinen Gewissens jeden Morgen bei der Kontrolle.

Danach ging es zum Frühstück, im Anschluss wurden wir in Gruppen eingeteilt, um zu arbeiten: Handwerken, Gartenarbeit, Hauswirtschaft etc. Ich wurde in die Gruppe des Handwerkens eingeteilt. Das hat mir (wie schon damals in der Schule) Spaß gemacht. Ich glaube, die Struktur, die Routine und auch die Ruhe bei der Arbeit war das, was ich für mich brauchte.

Dann kam Corona und es zeichnete sich ab, dass die Klinik schließen wird. Man hat versucht, uns nicht einfach auf die Straße zu setzen, denn das wäre fatal gewesen, sondern uns einen anderen Therapieplatz zu besorgen. Und den haben sie auch gefunden.

Ich wechselte in die Median-Kliniken Thommener Höhe nach

Daun in die Eiffel. Wegen Corona fielen allerdings fast alle Angebote aus: keine Ergotherapie, keine Gespräche, kein Sport. Wir haben teilweise ohne Aufgaben unsere Zeit verbracht „Däumchen gedreht".

Aus Langeweile sind wir in die Stadt gefahren, um zu Bummeln oder einzukaufen. Aus Gründen, die ich mir selbst nicht erklären kann, brach ich die Therapie nach sechs Wochen ab. Mir war einfach zu langweilig und ich habe keinen Sinn in der Fortführung der „Therapie" gesehen.

Als ich noch in Saarbrücken in der Klinik war, lernte ich einen Mann kennen, mit dem ich in Daun Kontakt hielt. Er ist bei der Schließung nicht mit nach Daun gekommen, sondern hat die Therapie abgebrochen. Er lebte in Koblenz. Da mir das Nichtstun zu langweilig wurde, nahm ich sein Angebot an, nach Koblenz zu kommen. Er hatte mich eingeladen, bei ihm zu übernachten. Was ich zu dem Zeitpunkt nicht wusste, dass es ein 1-Zimmer-Appartement war, in dem man sich nicht im Ansatz aus dem Weg gehen konnte.

Dort übernachtete ich bei ihm, aber nach einigen Tagen stritten wir uns über Kleinigkeiten und er hat mich Hals über Kopf aus der Wohnung geworfen.

Zurück auf die Straße

So fand ich mich erneut auf der Straße wieder, lebte zweieinhalb Monate dort. Zum Glück war Sommer und es war warm draußen. Wenn man so lebt und ohnehin instabil ist, ist ein Rückfall nicht weit. Ich begann wieder zu kiffen und vor allem starken Alkohol zu trinken. Mir war alles egal.

Täglich war ich stark betrunken. Ich vertrug hohe Promillewerte, die andere ins Krankenhaus gebracht hätten. Ich glaube, ich war nie unter 3 Promille, manchmal waren es wohl sogar mehr. Darauf bin ich nicht stolz. Es spiegelt nur wieder, in welcher Situation ich damals war.

In Koblenz kümmerte sich die Caritas um uns Obdachlose. Sie verteilten Schlafsäcke, Isomatten und bereiteten warme Mahlzeiten zu. Morgens gab es belegte Brötchen. Dort konnte ich duschen und Wäsche waschen, was eine große Erleichterung war.

In den zehn Wochen habe ich wieder richtig zugelangt: Alkohol, Gras, Speed, Pep, es war fast alles dabei. Nur von Heroin und Crack habe ich die Finger gelassen.

Ein Leben geprägt von Drogen, Gefängnis und persönlichen Katastrophen, betäubt mit Alkohol – es ist kein Wunder, dass ich depressiv wurde. Ich fühlte mich wertlos, mir war alles egal und ich griff ständig zur Flasche. Und am nächsten Morgen war das Elend noch größer.

Eines Morgens bin ich aufgewacht und war völlig suizidal – also akut selbstmordgefährdet. Ich hatte einen absoluten Blackout, einen Filmriss. Ich konnte mich nicht daran erinnern, was in der Nacht zuvor geschehen war. Ich weiß nur noch, dass wir zu viert oder fünft an der Mosel feiern waren. Morgens wurde ich dann wach, es war keiner mehr da. Mein Portemonnaie war weg, mein Handy auch. Meinen Fahrradschlüssel hatte ich allerdings noch. Aber nicht mehr das dazugehörige Fahrrad. Das war auch weg.

Ich hatte nur noch den Gedanken, ich will raus aus dem Leben und ich sah nur diese eine Möglichkeit: dem Leben ein Ende zu setzen.

„Eine winzige Stimme in meinem Kopf hat mich von einem neuen Selbstmord-Versuch abgehalten"

Ich bin an diesem Morgen sofort zur Caritas gegangen und habe sie um Hilfe gebeten, schon fast angefleht. Ich habe ihnen gesagt, dass ich absolut gefährdet bin und wenn man mir jetzt nicht hilft, setze ich meinem Leben ein Ende. Ich konnte einfach nicht mehr, hätte mich wirklich fast totgesoffen.

Die Caritas hat unverzüglich gehandelt. Sie haben den zuständigen Ordnungsdienst gerufen, die mich unverzüglich zum Gesundheitsamt gefahren haben. Ich hatte ja keine Krankenversicherung, also war ein normaler Arztbesuch nicht möglich. Dort hat mich eine Ärztin untersucht und mich zu meinem Glück sofort eingewiesen.

Für die kommenden drei Monate war ich in der Rhein-Mosel-Fachklinik in Andernach untergebracht. Zu dem Zeitpunkt war die Corona-Situation schon zum Teil abgeebbt und es wurden in dieser Klinik wieder Behandlungen durchgeführt. So wurden hier Ergo- und Gesprächstherapien sowie Sportprogramme angeboten.

Ich wurde im Bereich der Medikation (gegen meine Depressionen und meinem Borderline-Syndrom) vernünftig eingestellt. In Andernach wurde ich wieder richtig hergestellt. Seit meinem Aufenthalt in dieser Klinik habe ich keine Drogen und keinen Alkohol mehr konsumiert. Seitdem bin ich körperlich und endlich auch psychisch clean.

Die Sozialarbeiterin hat mich sehr unterstützt. Sie hat es sogar geschafft, mir einen Platz in der AWO-Einrichtung für die Zeit nach meinem Klinik-Aufenthalt zu vermitteln. Die Frau war echt klasse, und hat so viel für mich getan. Dafür an dieser Stelle noch einmal meinen aufrichtigen Dank!

Nach drei Monaten Klinik-Aufenthalt bin ich dann in die AWO-Einrichtung gekommen, in der ich stationär aufgenommen wurde. Die Männer in der Einrichtung konnten „betreutes Wohnen" nehmen, die Frauen leider nicht. Bei uns hieß es „stationäre Aufnahme". Ich habe dort, in einem ganz normalen Haus, das die AWO angemietet hatte, gewohnt. Jede Frau hatte ihr eigenes Zimmer. Wir haben hier mit vier Frauen gelebt. Man kann sich die Situation wie eine WG vorstellen: ein Wohnzimmer, eine Küche, zwei Bäder und vier Schlafräume. Es gab einen Garten und alle Frauen hatten ihre Pflichten. Wir mussten das Haus putzen, sind einmal pro Woche einkaufen gefahren und haben gekocht.

Hier habe ich mich zum ersten Mal seit langer Zeit wieder wie ein Mensch und richtig wohl gefühlt. In dieser Zeit habe ich mich mit den anderen Frauen, alle Altersklassen waren vertreten, sehr gut verstanden. Es war schon eine tolle Zeit. Insgesamt habe ich hier neun Monate verbracht.

Wie oben schon erwähnt, hatten wir in dieser Zeit auch Ergotherapie. Dazu mussten wir allerdings in ein anderes Dorf. Bei den gemeinsamen Bus- oder Zugfahrten dorthin, bei schönem Wetter sind wir die Strecke auch gelaufen. Auch dort, wo die Ergotherapie stattfand, lernten wir Menschen kennen, die ein ähnliches – oder vielleicht ein ganz anderes – Schicksal hinter sich hatten. Ich habe in dieser Zeit erstmals festgestellt, was wirkliche Freunde sind. Nicht die anderen Drogensüchtigen im Bahnhofsviertel, deren Lebensinhalt sich nur um Alkohol und Drogen dreht, sondern diejenigen, die füreinander da sind. Eine ganz wichtige Erfahrung für mich.

Und ich denke, dass das war ein wichtiger Teil der Therapie für mich.

Bei der Ergotherapie hatten wir viel Freiheiten, um uns zu entfalten. Auch das war wichtig für uns. Ich hatte in der Jugend doch nie lernen können, was mein Interesse weckt, wofür ich Fertigkeiten habe und was mir liegt. Somit waren es die handwerklichen Tätigkeiten, die dort angeboten wurden, sei es Holz- oder Metallarbeiten, basteln oder malen, die Dinge, die uns Spaß gemacht haben. Das erinnerte mich auch an die Schulzeit. Hier hatte mir das Fach Handwerken besonders gut gefallen. Das war da wieder so.

Und das Wichtigste: zum ersten Mal in meinem Leben habe ich weder Drogen noch Alkohol vermisst! Ich hatte eine sinnvolle Beschäftigung, ich wurde gebraucht und somit war ich abgelenkt von meinem früheren Leben. Ich muss natürlich sagen, dass ich schon zu diesem Zeitpunkt gegen den Suchtdruck Medikamente genommen habe. Aber ich glaube, die waren es nicht allein. Die Medikamente nehme ich bis heute und möchte sie auch gar nicht absetzen.

Medikamente heute

„Auch heute nehme ich noch
Medikamente, um die Gier nach
Drogen zu unterdrücken. Hier
gebe ich einen kleinen
Einblick über die
Medikamente, die ich nehme
inkl. einiger Nebenwirkungen"

Abschließen mit
der Vergangenheit

Ich habe viel nachgedacht in dieser Zeit und ich denke, dass das sehr wichtig war. Über die Vergangenheit, über die Zeit im Bahnhofsviertel und die Drogensucht. Es waren viele Gedanken, die ich in dieser Zeit hatte. Aber das gehört dazu: sich mit der Vergangenheit auseinander zu setzen, um sie abschließen zu können. Und das hatte ich früher nicht. Wenn ich aus dem Gefängnis entlassen wurde, war ich körperlich clean. Mein Kopf war es aber nicht. Ich habe in meinen Gedanken immer die „schönen" Zeiten durchlebt, nie die negativen Seiten betrachtet. Es gibt da einen Spruch, den ich mal gehört habe: „Jeder Invalide spricht gern vom Krieg" – ich glaube, das trifft es am besten.

Mir war zu dem Zeitpunkt in der AWO aber klar, dass ich nicht ins Bahnhofsviertel zurückgehen will – unter gar keinen Umständen.

„Nachricht von meiner ehemaligen Freundin aus Detmold"

Nach ungefähr acht Monaten Aufenthalt in der AWO erhielt ich über Facebook eine Nachricht von meiner damaligen Freundin aus Detmold. Sie hatte wohl recherchiert und mich dort gefunden, obwohl ich mein altes Profil gelöscht und ein Neues erstellt hatte. Wir begannen zu schreiben und hielten so den

Kontakt aufrecht. Irgendwann telefonierten wir das erste Mal und hatten Video-Chats.

Anfangs war ich super nervös, aber es war sofort die alte Vertrautheit da. Bei diesen Telefonaten haben wir festgestellt, dass wir noch etwas füreinander empfinden. In der Zeit, in der wir voneinander getrennt waren, hatte weder sie noch ich jemand anderen, so dass uns in dieser Richtung nichts im Weg stand. Und so war es, nach endlosen WhatsApp-Nachrichten, Video-Calls und Telefonaten nur eine Frage der Zeit, wann wir uns das erste Mal real wiedersehen.

Im Juli 2021 hat sie mich in Kottenheim, wo sich die AWO-Einrichtung befindet, abgeholt. Kottenheim ist ein 2.500 Seelen-Dorf und liegt bei Mayen, eine 20.000 Einwohner-Stadt in Rheinland-Pfalz.

Ab 07/2021
Zurück nach Detmold

Im Juli 2021 bin ich also, clean und gefestigt, zurück nach Detmold gekommen. Hier habe ich Kontakt zu einer sehr guten Freundin aufgenommen. Wir haben uns eine gemeinsame Wohnung als Wohngemeinschaft genommen und leben seitdem als WG zusammen. Mit meiner Freundin selbst lebe ich nicht zusammen. Es klappt sehr gut, dass wir nicht permanent aufeinander hocken.

Anfangs war es doch recht ungewohnt. Ich habe häusliche Verpflichtungen, es gibt also Regeln, an die ich mich halten muss. Auch Behördengänge, Arztbesuche sowie psychologische Betreuung gehörten dazu. Das geregelte Leben kannte ich bisher kaum, aber es gefällt mir. Es hilft mir, mich in einer Welt zurechtzufinden, die mir vorher verschlossen war.

EXKURS
Das Wiedersehen aus
Sicht meiner Lebensgefährtin

Ich habe über die Zeit, in der Caro plötzlich aus Detmold verschwunden ist, immer wieder versucht, sie ausfindig zu machen. Trotz ihres Verhaltens und ihrer Vergangenheit hatte ich immer noch Gefühle für sie und ich hätte gern den Kontakt wieder aufgenommen.

Allerdings hat sie es leider geschafft, ihre „Zelte" komplett abzubrechen. Sie war nirgendwo gemeldet, hat ihre alten Facebook- und Instagram-Accounts gelöscht und auch sonst konnte ich sie nicht ausfindig machen.

Erst fünf Jahre später, im Mai 2021, war ich erfolgreich und habe ein neues Profil von Caro auf Facebook entdeckt. Erst später habe ich erfahren, durch welche Hölle sie seit dem Weggang aus Detmold gegangen ist.

Am 15. Mai 2021 haben wir das erste Mal nach langer Zeit wieder geschrieben. Es war ein komisches Gefühl sie anzuschreiben. Ich konnte ja nicht wissen, ob sie den Kontakt zu mir noch bzw. wieder wollte. Tatsächlich hatte sie auch erst Bedenken in dieser Richtung, da sie sich gerade mitten in einer Therapie befand, auf die sie sich konzentrieren wollte. Sie hatte ganz einfach Angst, sich wieder mit der Vergangenheit zu beschäftigen.

Für mich sollte dieser Kontakt aber ein Beginn für die Zukunft darstellen, nicht ein Abschluss mit der Vergangenheit. Ich war so froh, wieder Kontakt zu ihr aufgenommen zu haben und festzustellen, dass sie auf dem Weg der Besserung war. Ich habe Caro dann angeboten, dass sie ihr Augenmerk auf die Therapie legen soll und wenn sie möchte und bereit ist, kann sie sich jederzeit melden. Ich würde auf sie warten – habe aber dabei versucht, jeglichen Druck wegzulassen.

Wir haben dann die erste Zeit locker miteinander geschrieben und schon bald festgestellt, dass wir beide noch viel füreinander empfinden. Trotz der Jahre, die Caro aus Detmold weg war, waren immer noch Gefühle vorhanden. Zu erwähnen ist, dass in der Zeit der Trennung weder bei Caro, noch bei mir andere Partnerinnen eine Rolle gespielt haben. Beide waren in der Zeit der Trennung Single.

Caro hat sich, und das ist für mich wichtig zu betonen, nicht verändert im Vergleich zu der Zeit, als wir 2013 zusammengekommen sind. Sie hat immer noch das gleiche Wesen, ist zuverlässig, vertrauensvoll, freundlich und liebevoll – eine Person, die man wirklich gern an seiner Seite hat.

Nach allem, was sie erlebt und geschafft hat – und damit meine ich die Zeit vor 2013, aber vor allem auch die Zeit unserer Trennung ab 2016 – ist es für mich erstaunlich zu sehen, wie stark Caro eigentlich ist. Und mit einer solch starken Gefährtin an seiner Seite bin ich überzeugt, dass man alle Höhen und Tiefen schafft. Es war eine sehr schwierige Zeit für mich, als sie 2016 so plötzlich aus Detmold verschwunden ist. Ich glaube heute aber, dass diese Zeit für Caro sehr wichtig war, um endgültig mit der Vergangenheit abzuschließen und dank einiger Therapien nicht nur vom Körper, sondern auch vom Kopf her clean zu werden. Letzteres war sie vorher nie und die „Geistes-Sucht" hing immer wie ein Damokles-Schwert über ihr.

Das hat sie nun endlich überwunden und ich freue mich auf eine gemeinsame Zukunft mit Caro.

Gemeinnützige Tätigkeit

Zu dem Zeitpunkt, als ich zurück nach Detmold gekommen bin, habe ich auch Ina und Sascha kennengelernt, die den gemeinnützigen Verein „Lipper für Lipper @asphaltexistenzler e.V." gegründet haben. Ein Verein, der sich – wie die Caritas in Koblenz – um bedürftige Personen kümmert. So wie ich es die ganzen Jahre war.

Meine Freundin ist bereits seit Jahren in dem Verein ehrenamtlich aktiv und hat mich einfach mal mitgenommen.

Das Schöne war, dass ich mit offenen Armen empfangen und sofort in (positiven) Beschlag genommen wurde. Sie kannten meine Vergangenheit von meiner Freundin. Diese Vergangenheit ist aber allen Ehrenamtlichen dort egal. Es zählt die Person, die vor ihnen steht.

Mir war es für mich wichtig, zu helfen. Ich habe während meines Lebens sehr viel Hilfe in Anspruch genommen. Jetzt ist es an der Zeit, etwas zurückzugeben.

Parallel versuchte ich schon zu diesem Zeitpunkt, wieder ins Berufsleben einzusteigen. Wer aber so ein Führungszeugnis hat wie ich, hat es schwer, selbst eine Putzstelle in einem Reinigungsunternehmen zu finden. Dazu kommt mein Rücken, der es mir nicht erlaubt, 8 Stunden am Tag zu stehen. Auf der Straße machst Du Dir den Rücken kaputt. Das viele Stehen in der Kälte und das Liegen auf hartem Boden ist nicht förderlich für die Gesundheit.

Schlechte Jobperspektive

„Es ist nicht einfach für
Leute wie mich, einen Job zu
finden. Das Führungszeugnis
ist nicht so prall, mein
Rücken macht mir zu schaffen
und ich bin ungelernt. Das
alles macht es nicht einfach"

Also habe ich meine Kraft und Energie zunächst der ehrenamtlichen Tätigkeit in dem Verein gewidmet. Hier helfe ich in der Küche, koche, schneide Gemüse, wasche Geschirr, verteile Essen, was eben so anfällt.

Seit Anfang Januar 2024 arbeite ich – zunächst auf Basis geringfügiger Beschäftigung – als Reinigungskraft in einem Fitnessstudio. Der Eigentümer kennt meine Geschichte, weil er ebenfalls ehrenamtlich im Verein tätig ist. Er möchte mein Führungszeugnis nicht, denn er hat Vertrauen zu mir. Das ist auch ein neues Gefühl für mich: fast fremde Personen vertrauen mir.

Ich habe in dem Fitnessstudio die Möglichkeit, langsam wieder arbeitsmäßig Fuß zu fassen. Das Schöne ist, dass ich das Tempo bestimmen kann. Wenn ich mich eingewöhnt habe, kann ich die Stunden aufstocken. Ziel soll es für mich sein, irgendwann in naher Zukunft voll zu arbeiten. Der Inhaber gibt mir die Möglichkeit dazu. Vor allem lässt er mir die Zeit, langsam wieder durchzustarten, so dass ich nicht überfordert werde.

Job heute

„Ich habe seit einiger Zeit
einen Job, der mir viel
Freude macht, was ich in dem
Video auch zeige"

Seit Februar 2020 bin ich von den Drogen weg und im September 2020 habe ich das letzte Mal Alkohol getrunken. Ich bin mir bewusst, dass ich mein Leben lang gefährdet bin und nie wieder etwas anrühren darf, weil ich sonst sofort wieder einen Rückfall haben könnte. Aber ich habe zum ersten Mal die Sicherheit, dass ich es wirklich geschafft habe. Ich habe weder den altbekannten Suchtdruck, noch irgendein Verlangen nach den Drogen oder nach der vergangenen Zeit im Frankfurter Bahnhofsviertel.

„Vier Jahre clean"

Mir geht es gut, ich bin gefestigt, habe eine tolle Wohnung, die ich mir mit einer Freundin teile und liebe die Frau, die ihre Liebe erwiedert. Ich habe Aufgaben, so dass ich das Gefühl habe, gebraucht zu werden und Freunde – echte Freunde.

Was mir gut tut ist das geregelte Leben, was ich vorher nicht hatte: den Haushalt führen, kochen, Wäsche waschen, mein kleiner Nebenjob, Termine wahrnehmen usw. sind Tätigkeiten, die mir zeigen, dass ich gebraucht werde. Früher hatte ich zwei Aufgaben: Geld beschaffen und Drogen kaufen. Das ist jetzt komplett anders. Ich stehe nun fest im Leben. Das gibt mir sehr viel Sicherheit, trotz meiner Vergangenheit, nicht abgewiesen zu werden.

Körperlich bin ich soweit gesund: meine Organe sind genauso

Gesundheit heute

„Über die Vergesslichkeit und
meine Gesundheit berichte ich
im Video"

wenig betroffen wie mein Gehirn. Ich gehe sogar regelmäßig Blut spenden. Zum Thema „Gehirn" muss ich sagen, dass ich lange Zeit vergesslich war. Weite Teile der Vergangenheit sind oder waren weg. Ich merke das besonders jetzt, wo ich für das Buch die Fakten meines Lebens zusammentrage. Ich muss viel und lange nachdenken. Es kommt wieder, aber es dauert.

Was mir zu schaffen macht, ist mein Rücken. Die lange Zeit auf der Straße, der harte Boden, die Kälte und die Nässe, all das hat den Rücken kaputtgemacht. Ich bin vor zwei Jahren an der Bandscheibe operiert worden und habe seitdem Probleme. Langes Stehen ist nicht gut, langes Sitzen oder Liegen aber auch nicht. Ich war einige Zeit in der Physiotherapie und werde die kommende Zeit nutzen, die Muskulatur am Rücken wieder aufzubauen.

Meine Reise durch den Alkohol- und Drogenentzug war eine der härtesten Erfahrungen meines Lebens. Aber sie hat mich auch gelehrt, meine innere Stärke zu erkennen. Ich habe gelernt, dass Genesung nicht nur das Aufhören des Drogenkonsums bedeutet, sondern auch ein Prozess des inneren Wachstums und der Selbstfindung ist.

Heute blicke ich mit vorsichtigem Optimismus in die Zukunft. Ich bin mir bewusst, dass der Weg zur vollständigen Erholung lang und möglicherweise nie ganz abgeschlossen ist. Aber ich bin entschlossen, jeden Tag als einen Schritt in die richtige Richtung zu betrachten.

Diese Reise hat mir gezeigt, dass Veränderung möglich ist und dass es immer Hoffnung gibt – egal wie dunkel die Vergangenheit erscheinen mag.

Eure Caro

Leben und Wünsche heute

„Hier fasse ich abschließend
ein Resumée über mein Leben.
Ich gebe ein Feedback über
meine ehrenamtliche Tätigkeit
und warum ich sozial tätig
bin. Ich sage hier etwas zu
Jobperspektiven und über
meinen größten Wunsch"

Mein Besuch bei
Stern TV

Mit Stern TV
zusammen in Frankfurt

Mein Live-Auftritt
bei Stern TV

„Am 14.02. war es soweit. Ich
durfte bei Stern TV auf RTL
meine Geschichte erzählen.
Hier seht Ihr meinen
Auftritt"

Drehtermine für Stern TV

Als uns die Idee kam, meine Geschichte in einem Buch zu verfassen, damit wir anderen Mut machen, dass man es schaffen kann, habe ich Thomas, dem Autor, das Youtube-Video von 2017 gezeigt. Er hat zum ersten Mal gesehen, wie ich mit der abgebrochenen Flasche auf das Dreh-Team losgegangen bin. Da wir von vornherein ein interaktives Buch gestalten wollten, kam Thomas auf die Idee, Stern-TV anzuschreiben, um die Filmsequenzen zu erhalten.

Tatsächlich meldete sich der Aufnahmeleiter schon nach kurzer Zeit und fragte nach, was wir vorhaben. Thomas erzählte dann von mir und dass ich seit vier Jahren clean bin und wir daraus ein Buchprojekt generieren. Daraufhin zeigte der Aufnahmeleiter Interesse an einer Doku über mich (weil es wohl so selten ist, dass es jemand nach 20 Jahren von den Drogen und der Straße wegschafft). Thomas vereinbarte einen Telefontermin mit mir und dem Aufnahmeleiter und dann ging alles sehr schnell. Wir telefonierten 1,5 Stunden in einem Erstgespräch, indem ich meine Geschichte erzählte.

Dann haben wir einen Termin für einen ersten Drehtag bei uns in Detmold, aber auch einen zweiten in Frankfurt vereinbart. Bei dem zweiten Termin war ich mir anfangs noch nicht sicher, habe aber nach einigem Zögern zugestimmt.

Mitte Januar 2024 kam die Crew zu uns ins Sozial-Café, ins Café Herzstück, um mich bei der ehrenamtlichen Arbeit zu filmen und zu interviewen. Im Anschluss führten wir ein mehrstündiges Interview bei mir zuhause. Ausschnitte aus den Interviews sind den einzelnen QR-Code-Verlinkungen zu entnehmen, die in diesem Buch sind.

Foto: Drehtermin im Café Herzstück des gemeinnützigen Vereins „Lipper für Lipper."

Eine Woche später ging es dann nach Frankfurt. Als Verstärkung habe ich meine Partnerin, Thomas und Jacky (Thomas' Stieftochter) mitgenommen. Verstärkung im Sinne der mentalen Unterstützung. Zu unserem Schutz wurden tatsächlich zwei Security-Leute engagiert. Wir wussten ja nicht, was auf uns zukommt.

Foto: Während der Dreh stattfindet, passen zwei Security-Mitarbeiter auf, das uns niemand zu nahe kommt.

Das erste (und definitiv für mich auch das letzte) Mal seit meinem letzten Absturz im Frankfurter Bahnhofsviertel zu sein, war schon bewegend. Ich hatte die Nacht vor der Anreise nicht gut geschlafen und war auch sehr nervös. Im nachfolgenden Interview versuche ich, meinen Gefühlen Ausdruck zu verleihen.

Unsere erste Anlaufstelle war das Solarium, das das Ziel der damaligen unschönen Szene mit der abgebrochenen Flasche war. Mit dem Besitzer habe ich mich wirklich nett unterhalten. Natürlich folgte eine Entschuldigung von mir.

Dem Drehteam hat der Inhaber des Solariums erzählt, dass er seit 25 Jahren im Bahnhofsviertel sein Geschäft hat und sehr viele Drogenabhängige kennengelernt hat. Er hat aber in all den Jahren, und das ist für mich sehr bewegend, erst von drei Personen gehört (ich bin eine davon), die es rausgeschafft haben.

Foto: Gespräch mit dem Solarium-Besitzer.

Gespräch mit dem Solarium-Besitzer

„Ein kurzer Austausch mit dem Solarium-Besitzer, der seit vielen Jahren direkt im Bahnhofsviertel sein Geschäft hat und tief im Thema ist, was die Drogenszene betrifft"

Auf dem Weg durchs Viertel begegneten wir auch alte Wegge-
fährten, so z. B. Divan.

Ihn habe ich seit vier Jahren nicht gesehen und hier musste ich
erschreckend feststellen, was Crack mit einer Person in so einer
Zeit macht. Innerhalb von vier Jahren ist Divan um Jahre gealtert.
Von einem äußerst attraktiven Typen zu einem mittlerweile fast
zahnlosen, faltigen, abgemagerten, schon fast alten Mann
mutiert. Schreckliche Momente.

Foto: Divan und ich im Gespräch. Vor einigen Jahren war er noch ein wirklich attraktiver Kerl.
Heute wirkt er wie ein alter Mann.

Wir sind die verschiedenen Stationen meines Lebens abgegan-
gen, haben Abrisshäuser besichtigt, in denen ich genächtigt
habe, Kneipen, in denen wir uns unsere Opfer gesucht haben

und auch den Bahnhof, wo man uns hat schlafen lassen. Und überall sind die Spuren des Drogenkonsums sichtbar.

Foto: Mit einer alten Weggefährtin plaudere ich vor einem der Abrisshäuser, in denen wir übernachtet haben.

Foto: Auch das ist Frankfurt: gebrauchte Spritzen im U-Bahn-Schacht.

Am Bewegendsten und für mich der schwerste Moment kam, als wir vor der Pizzeria standen, die vorher eine Kneipe war, in der ich vergewaltigt wurde. Hier merkte ich plötzlich eine innere Anspannung und wollte nur noch weg.

Alles in allem stimmte mich der Besuch in Frankfurt äußerst nachdenklich. Aber ich denke, er war wichtig für mich. Ich habe für mich gelernt, dass mich nichts und niemand hier noch mal hinzieht. Ich bin gefestigt wieder nach Hause gefahren – kaputt, erledigt, aber mit einem Lächeln im Gesicht.

Foto: In diesem Gebäude wurde ich vergewaltigt.

Der Ort der Vergewaltigung

„Während unseres Drehs in Frankfurt sind wir genau an dieser Kneipe vorbeigekommen. Alte Gefühle kamen wieder auf. Ich erzähle hier die Geschichte aus einer anderen Perspektive — direkt vor dem Ort des Geschehens"

Lipper für Lipper
@Asphaltexistenzler e.V.

An dieser Stelle erfolgt ein Exkurs zum Verein, für den ich seit einigen Jahren tätig bin. Hier fühle ich mich wohl und es fragt niemand nach meiner Vergangenheit. Wahrscheinlich, weil ein Teil unserer „Kunden" auch eine Vergangenheit haben.

Bei Lipper für Lipper (LfL) handelt es sich um einen gemeinnützigen und mildtätig anerkannten Verein, der sich um Bedürftige kümmert. Hierzu zählen Obdachlose ebenso wie Drogenabhängige, wobei diese Gruppen den eher kleineren Teil ausmachen. Vielmehr sind es Rentner oder junge Familien, die finanziell nicht über die Runden kommen.

Der Verein veranstaltet jeden Samstag den „sozialen Mittagstisch", an dem es kostenlos eine frisch zubereitete warme Mahlzeit gibt. Dazu kommen Projekte wie „Eat & Learn" (Hausaufgabenbetreuung und warme Mahlzeit für Kinder), „Seniorenfrühstück" (gegen soziale Vereinsamung), „Teilen macht Freude", „Patenschaften" und viele mehr.

Informationen zu den einzelnen Projekten findest Du im nachfolgenden QR-Code.

Lipper für Lipper

„Nimm ein bisschen von dem
was du übrig hast und gib es
jemandem,
der es dringender braucht"
(Ina Thomas, 2. Vorsitzende)

Für ihr ehrenamtliches Engagement haben die beiden Vorsitzenden 2023 die Bundesverdienstmedaille am Bande erhalten. Das ist die höchste Auszeichnung, die die Bundesregierung an ehrenamtlich tätige Personen vergibt.

Meine Aufgabe im Verein ist die Unterstützung beim sozialen Mittagstisch. Ich stehe samstags in der Küche, helfe beim Kochen, gebe Mittagessen aus und spüle das Geschirr – was eben alles so anfällt. Mir macht die Arbeit echt viel Spaß. Zum einen, weil sie wertgeschätzt wird, mir also gezeigt wird, dass ich gebraucht werde.

Zum anderen aber, weil ich in dankbare Gesichter unserer Kunden schaue. Es ist nicht nur das Essen, das wir austeilen. Vielmehr die Wärme, die unser Verein ausstrahlt.

LfL hat es geschafft, bereits im dritten Jahr der Entstehung ein kleines Restaurant anzumieten. Nach der Komplettrenovierung ist nun unser Café Herzstück geöffnet. Hier ist jeder willkommen, der bedürftig ist. Wir servieren das Essen am Tisch, der immer schön eingedeckt ist. Die Bedürftigen erfahren hier (anders als in den Suppenküchen) ein stückweit Würde und Wertschätzung. Und das finde ich so toll.

Ehrenamtliche Tätigkeit

„Hier berichte ich von meiner
Tätigkeit beim ehrenamtlichen
Verein Lipper für Lipper,
auch wie ich zu diesem Verein
gekommen bin"

Im Verein habe ich auch Thomas, den Autor dieses Buches kennengelernt. Er ist der Besitzer der Fitnessstudio-Kette „Buena Vista Fitnessclub", in der ich arbeite und er hat mich zu den Drehterminen nach Frankfurt und Köln gefahren.

Foto: Ina (zweite Vorsitzende des Vereins, links im Bild) und ich beim Kochen für den sozialen Mittagstisch.

Foto: Hier verpacken wir Lebensmittel, die wir den Bedürftigen mitgeben.

Frankfurt-Bahnhofsviertel

Frankfurt ist bekannt für seine Wolkenkratzer, die Neustadt einer riesigen Banken- und Finanzmetropole und seiner Skyline. Allerdings hat Frankfurt auch eine andere, eine dreckige Seite: das Bahnhofsviertel gilt als Hotspot der Drogenszene. Es befindet sich auf dem Gelände der ehemaligen Frankfurter Westbahnhöfe. Mit über 50% hat das Viertel den höchsten prozentualen Anteil an Ausländern aller Frankfurter Stadtteile. Crack ist mittlerweile Hauptdroge, weil es billig und schnell verfügbar ist.

Bettler, Obdachlose, Drogenabhängige, die entweder auf dem Boden liegen oder an Häusern lehnen und offen konsumieren oder dealen.

Ein Artikel der Welt beschreibt das Elend im Viertel treffend: „Niedergang in Frankfurt – Crack-Konsum auf der Straße, Urin-Gestank, überall Müll" so die Überschrift.
(Crolly, H., www.welt.de, 02.08.2023). „Das Frankfurter Bahnhofsviertel versinkt in der Verelendung. Drogen werden ganz offen konsumiert. Anwohner schimpfen über Verwahrlosung, wie im Harlem der 70er-Jahre, Geschäfte geben auf" (ebenda).

 Hier geht es
zum Welt-Artikel

Wer sich einen eindrucksvollen Eindruck über das Leben im Bahnhofsviertel verschaffen möchte, sollte sich die Zeit nehmen und die Stern TV Reportage mit Joey Kelly anschauen:

Stern TV Reportage mit Joey Kelly im Frankfurter Bahnhofsviertel

Foto: Lager von Drogensüchtigen in der Elbestraße im Bahnhofsviertel.

Alternativ kann man sich hier einige Impressionen aus dem Frankfurter Bahnhofsviertel holen. Der Stern hat eine eindrucksvolle Bilderserie gebracht:

Verschiedene Quellen belegen übrigens, das mindestens jeder zweite Abhängige, der in Frankfurt registriert ist, nicht aus Frankfurt kommt.

Hilfsorganisationen

Es gibt viele, zum großen Teil ehrenamtliche, Hilfsorganisationen und Vereine, die sich um die bedürftigen Personen kümmern.

Neben den kleinen und lokalen Vereinen, wie der Verein, für den ich tätig bin (Lipper für Lipper), sind es die großen Verbände, die großartige Unterstützung bieten.

Hierzu zählen z. B. der Caritasverband in Koblenz, die mich nicht nur unterstützt, sondern wahrscheinlich auch gerettet hat.

Am bekanntesten in Deutschland sind wahrscheinlich die Tafeln mit ihren Regional-Ablegern, die fleißig Lebensmittel an Bedürftige verteilen.

In Frankfurt war ich oft mit der idh, der Integrativen Drogenhilfe e. V. in Kontakt. Zum einen war es der Konsumraum in der Elbestraße, den ich oft aufgesucht habe. Zum anderen wurden wir von den Streetworkern der OSSIP (Offensive Sozialarbeit) des Vereins betreut. Wer sich mehr mit der Arbeit der idh beschäftigen möchte, findet die Seite im nächsten QR-Code:

Eine ausführliche Arbeit der idh mit Denkanstößen zu „Wegen aus dem Bahnhofsviertel" ist hier zu finden:

Dazu kommen die unzähligen Betreuer und Streetworker, z. T. staatlich angestellt, häufig aber auch ehrenamtlich unterwegs, die einen großartigen Job machen und denen viel zu selten gedankt wird.

All denen, möchte ich an dieser Stelle ein großes Lob aussprechen und Danke sagen. Danke für die jahrelange Unterstützung bei Nahrung, Betreuung, Fürsorge und einfach, weil Ihr da seid.

Epilog

Als ich auf die Idee kam, das Projekt mit Caro zu starten, war ich mir nicht sicher, ob das Material für ein Buch ausreicht. Ich kannte nur einen Bruchteil ihrer Geschichte. Bei einem ersten gemeinsamen Kaffee (Caro trank Tee) in ihrer Wohnung, das war im Dezember 2023 (Deine Kekse schmecken übrigens hervorragend, Caro), sagte ich ihr das auch offen. Ihre Partnerin, die neben Caro saß, lächelte nur und sagte: „Das reicht, Thomas. Locker".

Jetzt, einige Monate später, bin ich mir sicher, dass Caros Geschichte zwar für ein Buch reicht, aber definitiv zu viel für ein Leben ist. Ich bewundere sie dafür, dass sie es geschafft hat, ihre Vergangenheit hinter sich zu lassen und dabei ist, ganz neu anzufangen. Ich bin mir sicher, dass viele andere Menschen diesen Schritt nicht geschafft hätten.

Um aufzuzeigen, dass man es schaffen kann, aus einer komplett verkorksten Vergangenheit, auf die noch mehrfach draufgehauen wurde, herauszukommen, haben wir das Buch-Projekt gemacht. Das gilt für diejenigen, die noch voller Zweifel sind: Traut Euch! Es ist möglich. Wenn Caro es geschafft hat, dann auch Du!

Thomas Kruse

Nachtrag

Einen kleinen Nachtrag möchte ich an dieser Stelle noch einbringen. Bedingt durch die Publikation von Caros Geschichte (Stern TV, Berichte in den Zeitungen, Social Media etc.) sind verschiedene Unternehmen auf uns aufmerksam geworden. Alle zeigen Verständnis und haben Respekt vor Caros Leistung, den Ausstieg aus den Drogen.

Die Veröffentlichung ihrer Geschichte hat dazu beigetragen, dass sie nun Jobangebote bekommen hat. Während ich schreibe, hat sie Vorstellungsgespräche für eine Vollzeitstelle - trotz Einträge im Führungszeugnis.

„Jeder hat eine zweite Chance verdient."

Es scheint, als würde Caro sie bekommen!

Danksagung

Wie immer schreibt man so ein Buch nicht allein. Ganz oben auf der Liste steht natürlich Caro. Es ist ihre Geschichte und sie musste mich kontinuierlich mit Inhalt füttern. Ich entschuldige mich hier für die unzähligen Fragen, für das Nachbohren, für das Aufwühlen Deiner Gedanken. Aber ich denke, wir haben das beide toll gemeistert.

Bei Ina und Sascha Thomas vom Verein Lipper für Lipper @asphaltexistenzler e. V. bedanke ich mich für ihren unermüdlichen Einsatz, diese Welt ein Stück besser zu machen.

Auch ein Danke an Andrea, die Schwester von Caro, die mich aus den USA mit Input versorgt hat.

Mein Dank geht auch an Ulrich Mattner für die kostenlosen Rechte an seinem Bild, das ich ganz toll finde und gleich für den Titel verwendet habe.

Manfred Hütte und sein Team vom Kurier Verlag haben pro Bono das Lektorat übernommen, dafür meinen herzlichen Dank. Jeder Cent den ich einspare, kommt mehr unserem Verein zugute.

Meinem Bruder Stephan von unserer Agentur Concept 7 ein dickes Danke für Satz und Gestaltung und gleichzeitig ein „Sorry" für meine vielen Änderungswünsche – auch zu unchristlichen Zeiten.

Dem gesamten Team von Stern TV, allen voran Lennard Neuhaus, Danke für den Dreh. Ihr habt unterstützt, Caro publik zu machen. Somit sind viele Menschen für das Thema sensibilisiert worden. Und, das muss einmal gesagt werden, Steffen Hallaschka von RTL ist ein echt netter Typ! Er hat sich im Vorfeld der Sendung Zeit für Caro genommen, um ihr die Nervosität zu nehmen. Und das hat er geschafft – ganz der Profi.

Im Buch als Letztes genannt, im Herzen aber an erster Stelle: meiner Frau Petra den größten Dank, da sie meine Projekte (und ich habe nicht wenige) immer mitträgt und unterstützt. Ich liebe Dich!

Thomas Kruse, im Frühjahr 2024

Sucht- & Drogenberatung

Illegale Drogen oder Alkohol beeinträchtigt Dein Leben oder Deine Gesundheit? Du benötigst eine erste Beratung oder intensive Unterstützung, um einen Weg aus der Abhängigkeit zu finden?

Viele ehrenamtliche Stellen helfen Dir bei Deinem Problem. Nachfolgend findest Du im QR-Code beispielhaft die Seite des Deutschen Roten Kreuzes:

Hier geht es direkt zum Bundesgesundheitsministerium:

Ergebnisse des Alkoholsurveys 2021 zu Alkohol, Rauchen, Cannabis und Trends BZgA-Forschungsbericht / Juni 2022:

Der Autor

Dr. Thomas Kruse, geb. 1967 in Detmold, verheiratet, zwei Kinder, ist von Hause aus Wirtschaftswissenschaftler. Das Erststudium absolvierte er von 1989 - 1994, das Promotionsstudium im Bereich der Sport- und Fitnessökonomie von 2018 - 2021. In seinem Berufsleben führt er eine Werbeagentur und ist Teilhaber von fünf Fitnessstudios, einer Physiotherapie sowie einer Unternehmensberatung für Markt- und Produkteinführungsstrategien.

Seit Jahren engagiert sich Thomas Kruse ehrenamtlich für soziale Projekte. Beim Verein „Lipper für Lipper" lernte er Caro und ihre Geschichte kennen und war überzeugt, das sie als Vorbild für andere dienen kann. „Wenn Caro es geschafft hat, können andere auch dem Drogensumpf entfliehen", so sein Credo.

Ein Teil des Erlöses des Buchs kommt dem Verein zugute. Hier werden 100% der Vereinsspenden den Bedürftigen in Form von z. B. warmen Mahlzeiten, haltbaren Lebensmitteln, Kleidung oder Gutscheinen zugeführt.